Caroline Osborn, Pam Schweitzer
Angelika Trilling

Erinnern

Eine Anleitung zur Biographiearbeit
mit alten Menschen

W0171184

# LAMBERTUS

Caroline Osborn, Pam Schweitzer,
Angelika Trilling

# Erinnern

# Eine Anleitung
# zur Biographiearbeit
# mit alten Menschen

LAMBERTUS

Das Originalwerk erschien unter dem Titel „The reminicence handbook. Ideas for creative activities with older people"
1993 in englischer Sprache bei Age Exchange
Copyright ©1993
Die Übersetzung des Buches besorgte Angelika Trilling, Kassel.

Die Deutsche Bibliothek – CIP-Einheitsaufnahme

Osborn, Caroline:
Erinnern : eine Anleitung zur Biographiearbeit mit alten Men-
schen / Caroline Osborn ; Pam Schweitzer ; Angelika Trilling.
– Freiburg im Breisgau : Lambertus, 1997
Einheitssacht.: The reminicence handbook <dt.>
ISBN 978-3-7841-0932-9 Kunststoff

# Inhalt

# Vorwort zur deutschen Ausgabe

„Wenn es ausschließlich so wäre, wie man es bedenkenlos sagt und nachsagt – das Altmodische ist komisch und peinlich, weil es ein Altbekanntes ist und man dabei war, als es von der Zeit überfahren wurde, im Gegensatz zum Historischen, dem Alt-Unbekannten, dessen trister Kapitulation man nicht selbst beigewohnt hat – wenn es sich tatsächlich so verhielte, wäre unerklärlich, daß das Abgelebte sofort jede Lächerlichkeit verliert, wenn es nicht mehr nur angeschaut, sondern *erinnert* wird."[1]

Caroline Osborns „Erinnerungshandbuch" ist aus der langjährigen Praxis des Londoner AGE EXCHANGE Zentrums hervorgegangen. Es zeigt anhand einer Vielzahl praktischer Anregungen, wie alte Menschen über die Ereignisse ihres Lebens ins Gespräch kommen und ihre Erinnerungen zum Ausgangspunkt ganz unterschiedlicher Gruppenaktivitäten werden lassen. Einzelne Passagen wurden für die Altenarbeit in Deutschland abgeändert, doch gilt, daß das Vorgehen von AGE EXCHANGE über Länder- und Sprachgrenzen hinweg Gültigkeit besitzt.
Einige Bemerkungen sollen der deutschen Fassung vorangestellt werden:

## 1. DAS LONDONER AGE EXCHANGE ZENTRUM

Seit 1983 existiert im Londoner Stadtteil Blackheath der gemeinnützige Verein AGE EXCHANGE – zu Deutsch etwa „Austausch mit dem Alter"– mit seinem einzigartigen „Zentrum der Erinnerungen". Es handelt sich dabei um ein ehemaliges Ladengeschäft in einer belebten Einkaufsstraße, das zu einem Ort der Begegnung mit der jüngsten Zeitgeschichte umgestaltet wurde. Eine Fülle von Alltagsgegenständen der 20er, 30er und 40er Jahre ist hier vor den Besuchern ausgebreitet. Drei bis viermal pro Jahr werden zu thematischen Schwerpunkten Sonderausstellungen mit kulturellen Begleitprogrammen ausgerichtet. Entstanden ist auf diese Weise eine weit über die Grenzen der Stadt hinaus bekannte und viel besuchte Einrichtung.

---

[1] Améry, Jean: Über das Altern. Revolte und Resignation. Stuttgart 1977, S. 89.

Die vorwiegend freiwilligen älteren Mitarbeiterinnen bieten im angeschlossenen Café Getränke und Kuchen an und kommen dabei leicht mit den Gästen über die Erinnerungen ins Gespräch, die sich beim Betreten des Zentrums fast automatisch einstellen. Die Besucherinnen und Besucher kommen allein oder in Gruppen, es melden sich Altenheime, Clubs und geriatrische Einrichtungen zu Führungen oder Veranstaltungen an.

Dieser „Erinnerungsladen" ist jedoch nur ein Teil der Arbeit des Zentrums: So gehen die Mitarbeiterinnen und Mitarbeiter von AGE EXCHANGE mit den eigens entwickelten „Erinnerungskoffern" in Heime, Kliniken und Tagesstätten und laden dort zu Gruppentreffen ein. Es gibt Koffer mit Kinderspielzeug und Kosmetikartikeln, mit Modeschmuck und Haushaltsgegenständen, mit Schulartikeln und Werkzeug aus der ersten Hälfte unseres Jahrhunderts.

Einen hohen Stellenwert hat bei AGE EXCHANGE – wie der Name vermuten läßt – die generationenübergreifende Arbeit. Schulklassen und Jugendgruppen besuchen regelmäßig das Zentrum und AGE EXCHANGE berät und begleitet Schüler und Lehrer, wenn sie – gemeinsam mit älteren Menschen – zeitgeschichtliche Projekte durchführen.[2] Was die alten Menschen dem Zentrum in Einzelinterviews oder Gruppengesprächen mitteilen, wird in Broschüren festgehalten, gibt Anregungen zum Packen neuer Erinnerungskoffer und dient als Grundlage für weitere Ausstellungen.

Pam Schweitzer, die Initiatorin und künstlerische Leiterin von AGE EXCHANGE, ist Theaterpädagogin. So ist auch das „Erinnerungstheater" das ehrgeizigste und öffentlichkeitswirksamste Projekt des Vereins: Pro Jahr werden aus den Erzählungen der alten Menschen mit professionellen Ensembles drei bis vier Theaterstücke produziert und auf Tournee in Altenheime, Krankenhäuser, Nachbarschaftszentren und Schulen geschickt. Nach jeder Aufführung stellen sich die Schauspieler der Diskussion mit ihrem Publikum und ermuntern es zu erzählen, welche Erinnerungen das Stück in ihnen angestoßen hat. Seit einigen Jahren existieren neben dem professionellen „Erinnerungstheater" ein (Laien-)Jugendtheater und ein Seniorentheater. Beide erarbeiten inzwischen auch gemeinsame Produktionen. Eine wichtige Rolle bei allen Aufführungen spielt die Musik – einst populäre Schlager oder Volkslieder werden in die Handlung eingearbeitet und verleihen den Stücken den Charakter von nostalgischen Musicals, die das Publikum einladen mitzusummen und mitzusingen.

---

[2] Zur generationenübergreifenden Arbeit von AGE EXCHANGE siehe Schweitzer, Pam/Trilling, Angelika: Erinnerungsprojekte für Kinder und ältere Menschen. (Kuratorium Deutsche Altershilfe, Thema Heft 101) Köln 1994.

AGE EXCHANGE finanziert sich vorwiegend aus Zuschüssen der öffentlichen Hand. Dank der Unterstützung der Europäischen Union konnten seit 1992 einige Gastspiele auf dem Kontinent durchgeführt werden und AGE EXCHANGE wurde in die Lage versetzt, eine Reihe europäischer Erinnerungstagungen durchzuführen und ein „Europäisches Erinnerungs-Netzwerk" zu begründen.[3]

## 2. DIE ENTSTEHUNGSGESCHICHTE DES ERINNERUNGSHANDBUCHS

Als „Reminiscence Project" bezeichnet AGE EXCHANGE den Bereich seiner Aktivitäten, der die biographie-orientierte Arbeit in die Einrichtungen der Altenhilfe trägt. Caroline Osborn leitete und koordinierte dieses Projekt in den ersten fünf Jahren seines Bestehens. In dieser Pionierphase ging es darum, die allgemeinen Grundsätze der Erinnerungspflege, wie sie in den Theaterproduktionen und in den Ausstellungen des Erinnerungszentrums entwickelt worden waren, auf die Anwendung in Krankenhäusern, Tagesstätten und Heimen zu übertragen. 20 freiberufliche Projektmitarbeiter/-innen waren damals in mehr als 150 Einrichtungen im Raum London und darüber hinaus tätig und erprobten die unterschiedlichsten Angebotsformen und Zugangswege, um den jeweiligen Gruppenkonstellationen und den individuellen Bedürfnissen der alten Menschen gerecht zu werden. Parallel hierzu baute Caroline Osborn ein Fortbildungsprogramm für die Mitarbeiter und Mitarbeiterinnen aus Gesundheitswesen und Altenhilfe auf, das als fortlaufendes Seminarangebot weiterhin bei AGE EXCHANGE besteht.

Im Erinnerungshandbuch wird der Schatz der Erfahrungen dieser Aufbaujahre zusammengefaßt und einem breiten Nutzerkreis zugänglich gemacht.

---

[3] Die Zeitschrift „Reminiscence" informiert (in englicher Sprache) über die laufende Arbeit von Age Exchange und dem europäischen Netzwerk.

## 3. Zum Selbstverständnis der Erinnerungspflege

Als theoretischer Hintergrund der Arbeit von AGE EXCHANGE ist das in der Nachfolge von Robert N. Butler zuerst in den USA entwickelte Konzept der *life review*[4] – der Lebensrückschau – anzusehen. Dabei betont AGE EXCHANGE den Aspekt, daß viele Menschen im Alter ein Bedürfnis verspüren, ihrem verflossenen Leben Sinn zu geben. So dient das Erinnern der Versicherung eigener Identität und eigenen Wertes. Es ist gleichzeitig auch der Versuch, sich am Ende des Lebens mit seinem Schicksal auszusöhnen und interpretatorisch die Diskrepanz aufzuheben, die sich wohl bei den meisten Menschen zwischen den Hoffnungen und Träumen der Jugend und dem tatsächlichen Verlauf des Lebens ergibt. AGE EXCHANGE unterstützt diesen Prozeß durch die Art der Interventionen und Fragestellungen. In den Theaterstücken, den in Broschüren wiedergegebenen Lebensberichten und auch im methodischen Aufbau des vorliegenden Handbuches wird dies immer wieder deutlich. Gleichsam „Nebenprodukt" dieser versöhnlichen Lebensbilanz ist der Zuwachs an persönlicher Stärke, Gelassenheit und Lebensfreude. Dies wiederum erleichtert es den alten Menschen, sich mit den belastenden Erscheinungen des Älterwerdens auseinanderzusetzen und sie zu meistern. Wenn auch in zunehmendem Maße Angebote der Erinnerungspflege mit dementiell erkrankten Menschen erprobt und durchgeführt werden, sieht AGE EXCHANGE seine Arbeit nicht dem therapeutischen Bereich zugehörig, sondern der sozialen Kulturarbeit.

Jüngere Menschen mögen bei diesem „Reminiszieren" kritische Fragen vermissen und eine Auseinandersetzung der Teilnehmer mit individuellem Versagen und politischen Rahmenbedingungen anmahnen. Wenn die alten Menschen sich voller Stolz darüber austauschen, wie sie in großer materieller Not ihre Kinder großzogen, und wenn sie der kleinen Freuden gedenken, die sie sich trotz Arbeitslosigkeit und Krieg gönnten, so taucht selten die Frage nach den Herrschaftsverhältnissen auf, die Ursache für die schlechten Lebensbedingungen waren. Auch schmerzliche Einsichten in eigenes Fehlverhalten – etwa zu viel Härte gegenüber eigenen Kindern – oder Wut über die gesellschaftlichen Bedingungen, die in vielfältiger Weise die eigenen Möglichkeiten beschnitten, werden kaum thematisiert.

---

[4] Siehe Butler, Robert N.: The Life Review: An Interpretation of Reminiscence in the Aged. In: Psychiatry 26, 1963, S. 65 – 76, und Müller, Dagmar: Interventionen für verwirrte, ältere Menschen in Institutionen. (Kuratorium Deutsche Altershilfe Thema-Heft 96) Köln 1994.

AGE EXCHANGE geht es primär um die Verbesserung der Lebensqualität am Ende eines langen Lebens, nicht um eine selbstkritische Auseinandersetzung mit eigenen Versäumnissen. Die Gruppen sollen Wärme und Solidarität in einem zunehmend fremder werdenden Umfeld bieten. Sie sind keine therapeutischen settings, in denen traumatische Ereignisse der Vergangenheit aufgearbeitet werden und Verdrängtes in schmerzlichen Lernprozessen in das Bewußtsein geholt wird. Im vorliegenden Text wurde daher der Begriff „Erinnerungsarbeit" vermieden. Mit „Erinnerungspflege" scheint die Bedeutung des Reminiszierens, des lustvoll, wenn auch mitunter melancholischen Schwelgens in der Vergangenheit besser getroffen zu sein.

### 4. DIE DEUTSCHE VERGANGENHEIT UND DAS ERINNERN

Im Verlauf von Lektüre und Übersetzung des englischen Reminiscence Handbooks ergab sich immer wieder die Frage, auf welche Weise in den praktischen Beispielen Bezug auf die jüngere deutsche Zeitgeschichte genommen werden sollte.

Wer heute Gruppenarbeit mit Älteren durchführt, hat es mit Menschen zu tun, die vom Beginn dieses Jahrhunderts bis in die 30er Jahre geboren sind und also recht bewegte Zeitläufe als Kinder, Jugendliche und junge Erwachsene hinter sich haben. Viele ganz „harmlos" beginnende Gespräche über Kinderspiele, Schulerlebnisse oder Geräusche, die von draußen in die Wohnung drangen, werden unvermittelt sehr dramatische, geradezu existentiell bedrohliche Szenen ins Gedächtnis zurückrufen. Darauf sollte die Gruppenleitung vorbereitet sein. Die Erinnerungen werden oft aus der Zeit des Nationalsozialismus stammen. Als Erwachsene oder Jugendliche haben die Teilnehmerinnen und Teilnehmer dieses System sehr bewußt erlebt. Viele von ihnen haben es offen oder doch indirekt unterstützt. Welche Vergangenheit kommt also zur Sprache, welche Erinnerungsgehalte werden zutage gefördert? Wird beim Thema „Schule" der Morgenappell auftauchen, bei dem mit hochgerecktem rechten Arm und in HJ-Uniform das Horst-Wessel-Lied gesungen wurde? An welche beeindruckenden Ereignisse wird man sich wie erinnern? An Bücherverbrennungen? An Reichsparteitage? An jubelnde Menschenmengen?

Gab es Freunde aus Kindheitstagen, die von einem auf den anderen Tag verschwunden, „abgeholt" worden sind – und was hat man sich dabei gedacht? Wer weiß noch von dem unauffälligen Nachbarn, der die Gestapo informierte, um einen untergetauchten Juden oder einen Kollegen zu denunzieren, der einen „Feindsender" abhörte? Oder sitzt solch ein Nachbar, solch eine Nachbarin gar mit im Gruppenraum? Welche Parolen werden in den Sinn kommen? – Arbeit macht frei? Kauft nicht beim Juden? Räder müssen rollen für den Sieg? Wie geht man damit um, wenn in einer Gruppe Menschen zusammentreffen, die das Naziregime aus ganz unterschiedlichen Perspektiven erlebt haben? Auf einen unbedacht eingeworfenen Begriff hin kann das stimmungsvolle Schwelgen älterer Damen in ihren Jugendzeiten umschlagen und zur Konfrontation zwischen „Mitläufern" und Verfolgten werden.

Menschen, die unter dem Naziregime gelitten haben oder deren Angehörige damals umgebracht wurden, berichten immer wieder, daß sich ihnen beim Anblick älterer Deutscher die Frage aufdrängt, wie diese sich wohl zwischen 1933 und 1945 verhalten haben. In Altenarbeit und Alternsforschung ist diese Frage bislang ausgeklammert. Zu sehr war man wohl darauf konzentriert, die Negativbilder des Alters wissenschaftlich und praktisch zu widerlegen. Sicher fürchtete man auch, bei den älteren Menschen Emotionen und ideologische Verbohrtheiten freizulegen, die man längst im Rahmen der „Vergangenheitsbewältigung" überwunden wähnte. Wie ließe sich noch der professionelle Auftrag einfühlender Pflegetätigkeit und der Schutzimpuls gegenüber Schwächeren aufrechterhalten, wenn sie sich im Gespräch als „ewig Gestrige" entpuppten, voll rassistischen Gedankengutes und ganz ohne Reue und Einsicht? Viele, die in der Altenarbeit tätig sind, werden sich zudem unzureichend informiert fühlen, nationalsozialistischer Ideologie sachlich und kompetent entgegenzutreten.

Wie verhält man sich im übrigen als Nachgeborene der Tätergeneration gegenüber Menschen, die unter dem Nationalsozialismus so unendlich gelitten haben? Die Ausbildungsgänge geben hier kein Rüstzeug.

Bis auf weiteres wird in der biographischen Arbeit mit Älteren in Deutschland also die nationalsozialistische Vergangenheit und der öffentliche wie private Umgang mit ihr präsent bleiben. Erinnerungspflege kann und soll nicht nachholen, was die moralisch-pädagogischen Aufarbeitungsbemühungen der Nachkriegsepoche nicht zu leisten vermochten. Wer immer sich allerdings auf biographisches Arbeiten mit Älteren einläßt, übernimmt auch die Verantwortung, sich mit den historischen Fakten des Nationalsozialismus auseinanderzusetzen. Nur auf der Basis geistiger Eigenständigkeit kann der Balanceakt gelingen, die Erinnerungen der alten Menschen als Äußerungen individuellen Erlebens zu akzeptieren und dennoch eine emotionale und intellektuelle Distanz zu den möglicherweise bisweilen kruden Wahrnehmungen und Interpretationen zu wahren und einzuschätzen, wann und in welcher Form Äußerungen nicht unkommentiert stehengelassen werden können. Daß dies bei aller Empathie durchaus Berechtigung hat, verdeutlichen die zahlreichen Debatten um das Phänomen kollektiver Verdrängung und unbewußter Komplizenschaft der nachfolgenden Generationen mit den NS-Täter/-innen.[5]

## 5. ERINNERN IN DER GRUPPE

„Das Schlimme am Altwerden ist", so eine ältere Dame in einem Gesprächskreis, „daß niemand mehr da ist, mit dem man sich ohne große Erklärungen verständigen kann." Sie bezog sich damit auf das Wegsterben der Verwandten und Freunde ihrer Generation. Beim Erinnern in einer Gruppe wird mancher indes feststellen, daß der Kreis der Menschen, mit denen man seine Vergangenheit teilt, größer ist, als geahnt.

Das Einvernehmen auf der Basis gemeinsamer kultureller Erfahrungen wird besonders schmerzlich von den Menschen vermißt, die ihr Alter nicht in dem Land oder der Kultur ihrer Kindheit und Jugend verbringen. AGE EXCHANGE hat Projekte mit Immigranten aus den einstigen britischen Kolonien, mit Einwanderern aus Irland und jüdischen Bewohnern des Londoner Ostens durchgeführt. Diesen alten Menschen bot sich damit nicht nur die Gelegenheit, gemeinsame Erinnerungen auszutauschen. Sie lernten in der Gruppe auch, ihre ganz spezifischen Erfahrungen und Befindlichkeiten den eigenen Kindern und Enkeln sowie den Angehörigen anderer Kulturen mitzuteilen. Angesichts der rapiden kulturellen Verwerfungen in der zweiten und dritten Generation der Migrantenfamilien war es für diese alten Menschen beglückend, ihre Lebensgeschichten als „Vermächtnis" weiterzugeben – ein wertvoller Ansatz für die sich in Deutschland gerade entwickelnde Arbeit mit älteren Migrantinnen und Migranten.

Dieses Buch entstand aus der Arbeit mit Personen, die in mehr oder minder großem Umfang auf Unterstützung angewiesen waren. Die Erinnerungspflege selbst wurde damit zu einer Form der Hilfestellung. Im besten gerontologischen Sinne setzt die biographische Arbeit bei den Kompetenzen an, die den alten Menschen verblieben sind, bestärkt sie in ihrer Souveränität und fördert die schöpferischen und kommunikativen Kräfte. Das Handbuch kann damit auch als eine Herausforderung an die Institutionen der Altenhilfe betrachtet

---

[5] Siehe hierzu z.B. Bude, Heinz: Bilanz der Nachfolge. Frankfurt 1992.

werden, stellt es doch implizit die Frage, wie die Erinnerungen über die speziellen Gruppenangebote hinaus in Betreuungskonzepte einfließen. Wo werden die Erinnerungen der alten Menschen ihren Platz finden, wenn der Gesprächskreis zu Ende ist, man die Ausstellungsexponate abgehängt hat und auch das ehrgeizigste generationenübergreifende Projekt abgeschlossen wurde?[6]

---

[6] Leitlinien für biographieorientierte Pflege finden sich neben vielen anderen wichtigen Überlegungen in Blimlinger, Eva/Ertl, Angelika/Koch-Straube, Ursula/Wappelshammer, Elisabeth: Lebensgeschichten. Biographiearbeit mit alten Menschen. Hannover 1996, S. 112 ff.

# „Gemeinsam erinnern"

 ANLEITUNG ZUR BIOGRAPHIEARBEIT

 TEIL I: VORAUSSETZUNGEN

 TEIL II: METHODEN

 TEIL III: THEMENVORSCHLÄGE

# Anleitung zur Biographiearbeit

Wer erinnerte sich nicht gern und oft an Menschen oder Gegenstände, die in seinem Leben eine Rolle gespielt haben! Sitzen alte Menschen beieinander, drehen sich die Gespräche besonders häufig um die Vergangenheit und es liegt nahe, diese Vorliebe für Angebote der Altenarbeit zu nutzen. Das ist überall möglich, wo Menschen zusammenleben oder sich treffen – gleichgültig, ob sie auf Hilfe angewiesen sind oder ihr Leben selbständig gestalten.

Ein anregender Austausch über die Vergangenheit und der phantasievolle Umgang mit den Erinnerungen stellt sich in einer Gruppe nicht von selbst ein. Erinnerungstreffen lassen sich etwa im Heim nicht „nebenher" erledigen. Jeder einzelne Nachmittag erfordert Vorbereitung, Strukturierung und Nacharbeit. Es sind Anstöße zu liefern, die dem Gedächtnis auf die Sprünge helfen. Die Gespräche müssen moderiert werden, damit alle zu Wort kommen und sich bei einem jeden das Gefühl einstellen kann, an der Veranstaltung wirklich teilzuhaben.

Mit diesem Handbuch soll Anfängern Mut gemacht werden, sich mit Älteren auf die Spuren ihrer Vergangenheit zu begeben. Aber auch die „alten Hasen" der Gruppenarbeit werden eine Fülle von Anregungen finden, wie die Erinnerungen gepflegt und zum Ausgang vielfältiger Aktivitäten gemacht werden können.

In Teil I finden sich einige grundsätzliche Bemerkungen zu der Bedeutung, die das biographische Arbeiten für die alten Menschen und auch für die Einrichtungen der Altenarbeit hat. Außerdem beschreiben wir die Voraussetzungen für die Erinnerungsarbeit.

Teil II beschreibt, mit welchen Methoden man Erinnerungen lebendig werden lassen kann. Wir stellen achtzehn methodische Vorgehensweisen vor.

In Teil III finden sich, nach elf Themenbereichen geordnet, Vorschläge zur Gestaltung einer ganzen Veranstaltungsreihe. Die einzelnen Beispiele lassen sich miteinander kombinieren und nach den Wünschen und dem Leistungsvermögen der einzelnen Gruppen abwandeln. Der Phantasie sind hierbei keine Grenzen gesetzt!

# Teil I: Voraussetzungen

1. ALTE MENSCHEN
   UND IHRE ERINNERUNGEN

2. ERINNERUNGEN UND ALTENARBEIT

3. PRAKTISCHE HINWEISE

4. VERSCHWIEGENHEIT

5. ALS GAST IN EINER EINRICHTUNG

6. ERINNERUNGEN HERVORLOCKEN

7. DIE VERANSTALTUNGEN PLANEN

8. NACHBEREITUNG

9. TYPISCHE SCHWIERIGKEITEN

10. MIT PSYCHISCH VERÄNDERTEN
    MENSCHEN ARBEITEN

11. KONTAKTE ZU KINDERN

## 1. ALTE MENSCHEN UND IHRE ERINNERUNGEN

Nur wer sich erinnern kann, weiß, wer er ist. In unserer Lebensgeschichte und den Geschichten unseres Lebens finden wir die Wurzeln für Selbstvertrauen und Individualität. Läßt das Gedächtnis alter Menschen so nach, daß sie ihren Alltag nur noch mit fremder Hilfe bewältigen können, brauchen sie auch Unterstützung bei ihrem Bemühen, sich ihrer Identität zu vergewissern. Leben sie nicht mehr in ihrer vertrauten Wohnung und haben kaum mehr Kontakt zu alten Freunden, fehlen ihnen auch die Anknüpfungspunkte für ein Gespräch über die Vergangenheit.

Je mehr sich der Aktivitätsradius der alten Menschen verringert, desto wichtiger wird für sie die Vergangenheit. Sie ist oftmals zentraler Gesprächsstoff und bietet die Möglichkeit, in Kontakt zu anderen zu treten. Erinnerungen können im Mittelpunkt einer gemütlichen Erzählrunde stehen. Sie können Ausgangspunkt für gemeinsam verfaßte Texte sein oder Anlaß für einen Ausflug. Vielleicht wird gemeinsam gemalt, gesungen oder Theater gespielt. Alte Menschen und ihre Erinnerungen können in den Schulunterricht einbezogen werden. Beim Kochen, Gärtnern, Putzen und Essen werden Kindheitsszenen wieder lebendig. Durch das gemeinsame Erinnern erfahren die Teilnehmerinnen und Teilnehmer Wertschätzung und Bestätigung. Vor allem das Langzeitgedächtnis wird angesprochen, das oft noch erhalten bleibt, wenn andere Fähigkeiten schon dramatisch nachgelassen haben. So können auch die Menschen Kompetenzen unter Beweis stellen, deren Alltag sonst von den Gefühlen des Versagens geprägt ist. In der Gruppe ist also darauf zu achten, daß jeder mit seinem Beitrag – wie gering er auch für Außenstehende scheinen mag – ernst genommen und anerkannt wird.

Spricht man von „älteren" oder „alten" Menschen, so umfaßt diese Angabe eine Altersspanne von dreißig Jahren und mehr – zwei Generationen also. Je nach Geschlecht, kulturellem Hintergrund, Schichtzugehörigkeit, Jahrgang und Persönlichkeit werden die Menschen höchst unterschiedliche Erfahrungen gemacht haben und sie werden mit Freude feststellen, daß andere ihre Erfahrungen teilen und gleichzeitig mit Stolz über ganz besondere Erlebnisse berichten.

Die alten Menschen sollten in jedem Fall selbst entscheiden, welche Erinnerungen sie mitteilen möchten und was ungesagt bleibt. Immer bestimmen sie, über welchen Abschnitt ihres Lebens sie auf welche Weise berichten möchten.

Das Selbstvertrauen der alten Menschen wird durch das Erinnerungstraining gefestigt. Sie bekommen Mut, sich auf Neues einzulassen und werden neugierig auf Unbekanntes. In der Erwachsenenbildung oder in Projekten der Stadtgeschichte gibt es längst zahlreiche Beispiele von Gruppen, die gelernt haben, mit Computern und Videokameras umzugehen, die Ausstellungen organisieren, Bücher herausbringen oder Theater spielen, um ihre Erinnerungen weiterzugeben. Die Beschäftigung mit der eigenen Geschichte kann zur Durchführung von öffentlichen Veranstaltungen und zum Engagement in der Gemeindepolitik führen.

Das belegt, daß Menschen, die sich gemeinsam erinnern, nicht der Vergangenheit verhaftet bleiben. Aus dem Besinnen auf die eigene Identität und die eigenen Leistungen in einem langen Leben erwächst ein neues Interesse und eine neue Kraft, sich mit der Gegenwart auseinanderzusetzen.

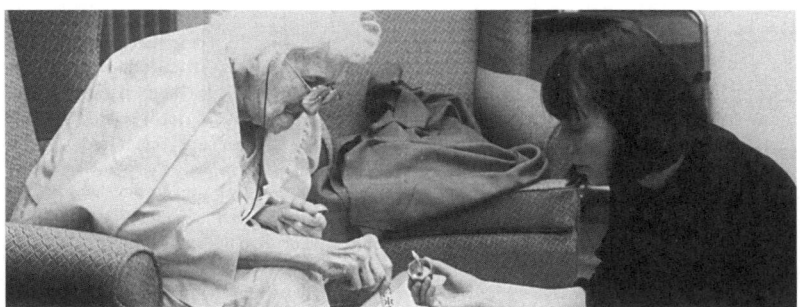

## 2. ERINNERUNGEN UND ALTENARBEIT

Wer in Einrichtungen der Altenarbeit vorschlägt, die Erinnerungen der alten Menschen in der Arbeit zu berücksichtigen, wird immer wieder hören: „Das machen wir doch schon längst." Das stimmt natürlich. Die Vergangenheit spielt in vielen Kontakten zwischen den alten Menschen und ihren Helfern eine Rolle. Betreuungskräfte berücksichtigen ihnen bekannte Aspekte aus dem früheren Leben der alten Menschen, um zu ihnen eine Beziehung aufzubauen und die Versorgung individuell zu gestalten. Neben dieser eher informellen Erinnerungspflege kann in Gruppenangeboten die Vergangenheit gezielt zum Thema gemacht werden. Wenn sich Mitarbeiterinnen die entsprechenden Fähigkeiten aneignen und sich dazu in ihrer Arbeit Freiräume schaffen, wird man die Wirkung bald im (Pflege-)Alltag verspüren: Aus Heimbewohnern, Patienten oder Altenclubbesuchern, die aufgrund bestimmter Funktionseinbußen diese oder jene Hilfeleistung brauchen, werden Individuen mit einer langen persönlichen und sozialen Geschichte. „Die Frau im grünen Stuhl, die man alle zwei Stunden zur Toilette bringen muß", entpuppt sich möglicherweise als schillernde Persönlichkeit, die unvermittelt Zugang gewährt zu einer Lebensgeschichte voller Abenteuer und Dramatik.

Die Pflege der Erinnerung bedeutet für die Mitarbeiter/-innen auch eine Weiterqualifizierung, die zudem Spaß macht und Befriedigung bringt. Bei aller Begeisterung sollte man sich aber davor hüten anzunehmen, daß sich alte Menschen auf das Thema Vergangenheit beschränken möchten. Sich innerhalb eines Gruppenangebotes an Begebenheiten seines Lebens zu erinnern, wird immer eine unter vielen Aktivitäten sein; ein jeder und eine jede sollte wählen können, ob er oder sie sich beteiligen möchte.

## 3. PRAKTISCHE HINWEISE

Biographische Arbeit mit alten Menschen findet an vielen Orten statt und kann von ganz unterschiedlichen Berufsgruppen ausgeübt werden. Neben den Pflegekräften, Ergotherapeuten und Sozialarbeitern – den typischen Professionen der Altenhilfe – gibt es in Erwachsenenbildungseinrichtungen und in der Kulturarbeit biographie-orientierte Angebote. Historiker befragen alte Menschen im Rahmen regionalgeschichtlicher Recherchen und die Gerontopsychiatrie nutzt das Erinnerungsvermögen gezielt zu therapeutischen Interventionen. Erinnerungsaktivitäten können von fest angestellten Mitarbeiterinnen oder Mitarbeitern oder von Honorarkräften durchgeführt werden. Hier bieten sich auch Einsatzmöglichkeiten für Menschen, die sich ehrenamtlich engagieren möchten. Die wichtigste Voraussetzung ist, daß man den Erinnerungen und Erzählungen der alten Menschen ein echtes Interesse entgegenbringt. Der Alltag ganz durchschnittlicher Menschen sollte in all seinen Einzelheiten ebenso wichtig genommen werden, wie die Berichte der „Stars", jener Personen also, die außerordentliche Dinge vollbracht haben und diese spannend darzustellen wissen.

Erinnert man sich selbst gern an Begebenheiten aus seinem Leben, findet man an dieser Arbeit sicher Spaß. Wer indes lieber nicht an der eigenen Vergangenheit rührt, wird sich auch bei der Leitung einer Erinnerungsgruppe nicht wohl fühlen. Er oder sie vermittelt möglicherweise sogar den Eindruck, daß hier in die Privatsphäre eingedrungen wird und man Dinge hervorkramt, die besser vergessen sind.

Sicherheit in der Begleitung von Gruppen stellt sich mit der praktischen Erfahrung und der kritischen Selbstwahrnehmung ein.[7] Hintergrundwissen kann man sich aus Berichten von Zeitzeugen, aus Biographien und regionalen Geschichtsbüchern aneignen. Und schließlich lernt man bei jedem Treffen von den alten Menschen und ihren Erzählungen.

Vor Beginn jeder Gruppenarbeit sind folgende Fragen zu klären:

Worin besteht das Ziel der Veranstaltung?

Geht es darum, ein geselliges Beisammensein zu gestalten oder handelt es sich um ein eher therapeutisch ausgerichtetes Programm, das gezielt die Kompetenzen der Teilnehmerinnen und Teilnehmer fördern will? Soll am Ende eine Ausstellung oder ein Buch entstehen, das einem größeren Publikum präsentiert wird? Oder ist das Angebot Bestandteil eines Betreuungsplanes in einem Heim, der dem Pflegepersonal besseren Zugang zu den Bewohnern und Bewohnerinnen ermöglichen will? Vielleicht soll das Angebot auch einen Beitrag leisten, um einzelne alte Menschen in die Gemeinschaft zu integrieren.

Wie viele Treffen sollen stattfinden?

Die Zahl der Gruppentreffen sollte sich eigentlich aus dem Ziel der Arbeit ergeben. Meist hängt es jedoch von äußere Bedingungen ab, wieviel Zeit zur Verfügung steht. So ist man an einer Volkshochschule etwa an die Semesterdauer gebunden. Eine Begrenzung kann auch durch die zur Verfügung stehenden Honorarmittel gegeben sein. Manche Einrichtungen planen dauerhaft jede Woche Zeit für das gemeinsame Erinnern ein. Stehen nur wenig finanzielle Mittel zur Verfügung, können mit einem Blockangebot von sechs oder zehn Treffen mehrere Gruppen nacheinander angesprochen werden.

Wie kündigt man die Veranstaltung an?

In einer Begegnungsstätte oder einer Einrichtung der Erwachsenenbildung ist die Art der Werbung entscheidend, ob man den richtigen Personenkreis erreicht. In einem Heim hängt es meist von der Einstellung des Pflegepersonals ab, ob sich genügend Bewohnerinnen und Bewohner einfinden.

---

[7] Eine hilfreiche Anleitung bietet Bechtler, Hildegard: Gruppenarbeit mit alten Menschen. Freiburg 1993.

Die Worte und die Gestaltung der Ankündigung sind also wichtig. Formulierungen wie „Mal wieder über die alten Zeiten sprechen" oder „ein Zusammensein, bei dem Erinnerungen ausgetauscht werden", sind üblich. Man kann sich aber auch einen passenden Namen für die Gruppe ausdenken, etwa: „Erinnerungsclub" oder „Treffpunkt Lebensgeschichte(n)".

Wie groß soll die Gruppe sein und wie lange dauern die einzelnen Treffen?

Beides hängt von der Teilnehmerzusammensetzung ab. In vielen Heimen mag eine Gruppengröße von sechs bis acht Personen und 45 Minuten pro Treffen richtig sein, wenn die Bewohner an Gruppenaktivitäten gewöhnt sind. Eine halbe Stunde kann allerdings schon völlig ausreichen bei einem Personenkreis, der mit solchen Veranstaltungen nicht vertraut ist oder bei Menschen, die unter physischen und psychischen Einschränkungen leiden. In Altenclubs, Volkshochschulkursen oder Tagespflegestätten kann es passieren, daß die Gruppenleitung keinen Einfluß auf die Teilnehmerzahl hat und vielleicht zehn, zwanzig oder mehr Personen teilnehmen – und dies gleich ein paar Stunden lang. Arbeitet man mit stark verwirrten Menschen, die kaum in der Lage sind zu sprechen und die sich nur sehr kurze Zeit konzentrieren können, sollte man einen Versuch mit einer Gruppe von zwei oder höchstens drei Personen wagen und nicht viel mehr als zehn Minuten einplanen. Einige leichter verwirrte Ältere werden sich aber in eine Gruppe integrieren lassen und auch über längere Zeit mitarbeiten können, wenn die übrigen Teilnehmer leistungsfähiger sind.

Welche Räumlichkeiten sind geeignet?

Um Erinnerungen auszutauschen, braucht man einen ruhigen Raum, in dem es möglichst wenig Störungen gibt. Die Teilnehmerinnen und Teilnehmer sollen einander sehen und hören können. Verändert man von Zeit zu Zeit die Sitzordnung, lassen sich positive Gruppenprozesse fördern. Mit einiger Wahrscheinlichkeit werden sich in den Gruppen Menschen mit Seh- oder Hörbeschwerden finden. Es ist also darauf zu achten, daß auch sie ins Gespräch einbezogen werden. Schwierigkeiten gibt es in Räumen, in denen Geräusche nachhallen oder die für die Gruppe zu groß sind. Auch in Räumen, in denen zur gleichen Zeit andere Aktivitäten stattfinden, fällt es schwer, sich zu konzentrieren.

Wie werden Unterbrechungen vermieden?

Die Teilnehmer sollten nicht mitten aus den Gruppentreffen geholt werden (etwa weil ein Arzttermin vereinbart wurde). Bei der Tageszeit sind die Gepflogenheiten der jeweiligen Einrichtung zu berücksichtigen. Wenn das Zusammensein zwei Stunden oder länger dauert, ist eine kleine Erfrischungspause angezeigt. Kürzere Treffen sollten nicht unterbrochen werden, da das Austeilen und Trinken von Kaffee oder anderen Getränken die Konzentration beeinträchtigt. Gut kommt es an, wenn man zum Abschluß gemeinsam Kaffee trinkt. Oft werden die Gespräche dann noch informell fortgesetzt. Das gemeinsame Kaffeetrinken kann auch am Beginn stehen und als Lockmittel eingesetzt werden, damit die Teilnehmer überhaupt kommen. Doch sollten die Tassen weggeräumt sein, bevor die Arbeit richtig beginnt. Man kann schließlich nicht Kaffee trinken und gleichzeitig vorführen, wie ein Waschbrett benutzt wird.

Wie unterstützt die Einrichtung das Vorhaben?

In Heimen und Krankenhäusern müssen Leitung und Kollegen die Erinnerungsaktivitäten mittragen. Nur dann werden auch reguläre Arbeitszeit und Fortbildungsmöglichkeiten zur Verfügung gestellt. Schön ist es, wenn die Arbeitsergebnisse im Kollegenkreis Beachtung finden und es im Team darüber zu einem Austausch kommt. Steht die Leitung dem Angebot aufgeschlossen gegenüber, besteht die Chance, daß die Erinnerungspflege in das Heim- oder Behandlungskonzept aufgenommen wird.

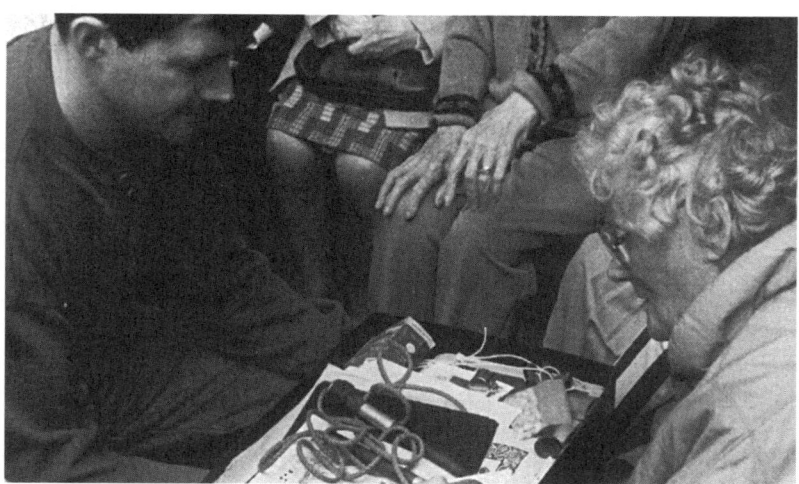

## 4. VERSCHWIEGENHEIT

Gegenseitiges Vertrauen ist wichtig, wenn persönliche Erlebnisse zur Sprache kommen. Jede/-r muß sicher sein können, daß alles, was erzählt wird, in der Gruppe mit Achtung behandelt und nicht nach außen getragen wird. Manche Gruppen stellen Regeln auf und verpflichten sich zu Verschwiegenheit und Respekt. Sollen die persönlichen Erinnerungen in Texte, Bilder oder Theaterstücke einfließen und der Öffentlichkeit präsentiert werden, müssen alle damit einverstanden sein. Manchen Menschen liegt viel daran, Aspekte ihres Lebens, die uns vielleicht ganz banal erscheinen, für sich zu behalten. Andere wiederum brennen geradezu darauf, auch die intimsten Dinge mitzuteilen.

In der Heimsituation gilt es, die Frage der Verschwiegenheit mit der Leitung und den Mitarbeitern abzuklären. Mitunter teilen die alten Menschen in der Gruppe Dinge mit, die für die Betreuungskräfte wichtig sind. Vielleicht können sie das Verhalten einer bestimmten Bewohnerin besser verstehen, wenn sie mehr über die lebensgeschichtlichen Hintergründe wissen.[8] Auf jeden Fall ist abzusprechen, wie bei einem Verdacht auf physische oder psychische Mißhandlungen an Pflegebedürftigen reagiert werden soll.

Leben die Teilnehmerinnen und Teilnehmer in Privatwohnungen und man gewinnt den Eindruck, daß ein Gruppenmitglied dort Mißhandlungen ausgesetzt ist, wäre der erste Schritt, diesen Verdacht mit der/dem Betroffenen unter vier Augen anzusprechen und gemeinsam weitere Schritte zu überlegen.

---

[8] Vor einem zu „gut gemeinten Bestreben, möglichst viele Lebensdetails zu erfahren und dadurch eine Art gläsernen Menschen zu schaffen, der nahezu alles aus seinem Leben preisgeben muß, weil dies für den Pflegeprozeß irgendwann einmal wichtig sein könnte", warnen aber zu Recht Blimlinger u.a.: a.a.O., S. 101.

## 5. ALS GAST IN EINER EINRICHTUNG

In Tagespflegestätten, Kliniken und Heimen werden Erinnerungsaktivitäten manchmal von einer nur stundenweise beschäftigten Honorarkraft angeboten. Sie kann von einem lokalen Geschichts- oder Kulturprojekt entsandt sein oder befristet von der Einrichtung für diese Aufgabe beschäftigt werden. Auch freiwillige Mitarbeiter zählen zu dieser Gruppe.

Mit dieser Gastrolle sind Vor- wie Nachteile verbunden. Wer im Haus keine anderen Verpflichtungen hat, als sich um die Erinnerungen der Bewohner oder Besucher zu kümmern, ist unzweifelhaft besser dran, als die festen Mitarbeiter/-innen, die sich im allgemeinen für derartige Aktivitäten erst von ihren anderen Aufgaben frei zu schaufeln haben. Wenn die Honorarkraft auf biographisches Arbeiten spezialisiert oder in Kulturarbeit erfahren ist, wird sie Kenntnisse, Erfahrungen und Fähigkeiten mitbringen, die nicht unbedingt im Mitarbeiterkreis einer Einrichtung vorhanden sind. Möglicherweise hat die externe Kraft im Rahmen ihrer anderen Tätigkeiten auch noch Einblick in ähnliche Vorhaben in der Region und kann eine Zusammenarbeit anregen.

Es ist auch von Vorteil, wenn man den Teilnehmerinnen und Teilnehmern unvoreingenommen gegenübertreten kann, weil man sie nicht in ihrer Rolle als Heimbewohner oder Patienten erlebt hat. Pflegekräfte und Therapeuten erliegen leicht der Versuchung, die alten Menschen, für die sie sorgen, nur noch über ihre Defizite wahrzunehmen und diese im täglichen Umgang zu verstärken. Wenn zum Beispiel die Erfahrung gezeigt hat, daß eine Heimbewohnerin nur selten auf Fragen antwortet, wird man von ihr verbale Äußerungen bald gar nicht mehr erwarten. Wer von außen kommt, wird jedem einzelnen offen begegnen. Und so kann es geschehen, daß diese Heimbewohnerin auf eine Frage, die ihr in der Erinnerungsgruppe gestellt wird, völlig angemessen reagiert – zur Verblüffung der Pflegekräfte, die gerade bemerken wollten: „Ach, lassen Sie nur, die antwortet sowieso nie."

Ist man Gast, besteht allerdings die Gefahr, daß die Erinnerungsaktivitäten unverbunden neben dem Alltagsgeschehen der Einrichtung stehen. Dem kann in gewissem Umfang abgeholfen werden, wenn eine Mitarbeiterin des Hauses gemeinsam mit der Honorarkraft die Gruppe gestaltet. Doch besteht weiter die Gefahr, daß die Erinnerungswelt der Bewohner nur dann im Heim Berücksichtigung findet, wenn der/die „Spezialist/-in" anwesend ist. Selten kommt es zu einer Verknüpfung zwischen der formellen Gruppenaktivität und den viel häufigeren informellen Gesprächen in den Wohnbereichen.

In den vom AGE EXCHANGE Zentrum begleiteten Projekten hat sich die folgende Form der Zusammenarbeit zwischen externen Kräften und dem Betreuungspersonal der Einrichtungen bewährt: Die Honorarmitarbeiter/-innen kommen in das Heim, Krankenhaus oder in die Tagesstätte und führen gemeinsam mit Pflegekräften, Sozialarbeitern oder Ergotherapeuten die Gruppenangebote durch. Sie vermitteln so die Prinzipien des biographischen Arbeitens und geben neue Anregungen. Die Gäste ziehen sich nach einem vereinbarten Zeitraum wieder zurück und überlassen den festen Mitarbeitern/-innen das Feld. Der Kontakt bleibt jedoch weiter bestehen und die Einrichtungen können immer wieder Ideen oder umfangreichere Unterstützung – etwa in Form eines Fortbildungstages – beim Zentrum abrufen.

Die Honorarkraft sollte auf jeden Fall vor Beginn der Gruppenarbeit die eigenen Erwartungen mit denen der Einrichtung abstimmen. Auch ganz praktische Punkte gilt es zu klären: Wie oft und mit welchem Ziel finden die Treffen statt? Wer fühlt sich im Haus verantwortlich für das Angebot und hilft bei der Lösung auftauchender Probleme? Werden Mitarbeiter/-innen aus der Einrichtung bei den Treffen dabei sein?

Wenn es zum Auftrag gehört, das Personal so anzuleiten, daß es zukünftig selbst Erinnerungsgruppen durchführen kann, ist zu verabreden, auf welche Weise dies geschehen soll. Man braucht Zeit, um das Vorgehen zu besprechen und es muß eine gemeinsame Nachbereitung stattfinden. Wie viele Pflegekräfte werden bei den Gruppentreffen anwesend sein und wie sollen sie sich verhalten? Sitzen sie als stille Mäuschen dabei oder werden sie in die Arbeit einbezogen? Wie sollen teilnehmende Pflegekräfte mit dem umgehen, was sie in den Treffen erfahren?

Ist die Honorarkraft in der Gruppe allein, muß sie klären, was in Notfällen zu geschehen hat – etwa wenn sich eine Teilnehmerin nicht wohl fühlt oder zur Toilette muß.

Vor Beginn sind die Gruppengröße und die Kriterien zu vereinbaren, nach denen die Teilnehmer/-innen ausgewählt oder angesprochen werden. Ist immer mit dem selben Personenkreis zu rechnen oder kann es passieren, daß man nie vorher weiß, wer anwesend sein wird? Vielleicht kommen zu viele alte Menschen und der eine und die andere werden gar ohne jegliche Vorinformation im Rollstuhl hereingeschoben. Ist die Teilnehmerzahl sehr gering, mag sich der Verdacht einstellen, daß das Pflegepersonal das Angebot boykottiert.

Soll die Honorarkraft die alten Menschen selbst ansprechen – einzeln oder in Gruppen – und zur Teilnahme einladen oder soll die Werbung (und das Erinnern) dem Personal überlassen werden? Ist letzeres der Fall, muß man besprechen, wie eingeladen wird und vorab um eine Teilnehmerliste bitten.

Oft brauchen die Gruppenmitglieder Unterstützung, um den Raum zu erreichen, in dem die Treffen stattfinden. Dies gilt es dann zu organisieren. Wenn die Honorarkraft mithilft, die Teilnehmer zum Gruppenraum zu begleiten, kann es vorkommen, daß sie geraume Zeit unterwegs ist – dies gilt es einzuplanen.

Selbst wenn die Honorarkraft alles bis ins einzelne geregelt hat, zeigt sich oft, daß auf Absprachen in Pflegeeinrichtungen nicht immer Verlaß ist. Das mag an der großen Zahl von Mitarbeiterinnen und Mitarbeitern liegen, die einzubeziehen sind, kann aber auch Ausdruck des notorischen Zeitdrucks sein, unter dem das Personal steht. Hier heißt es, immer wieder Geduld und Verständnis zu investieren.

## 6. ERINNERUNGEN HERVORLOCKEN

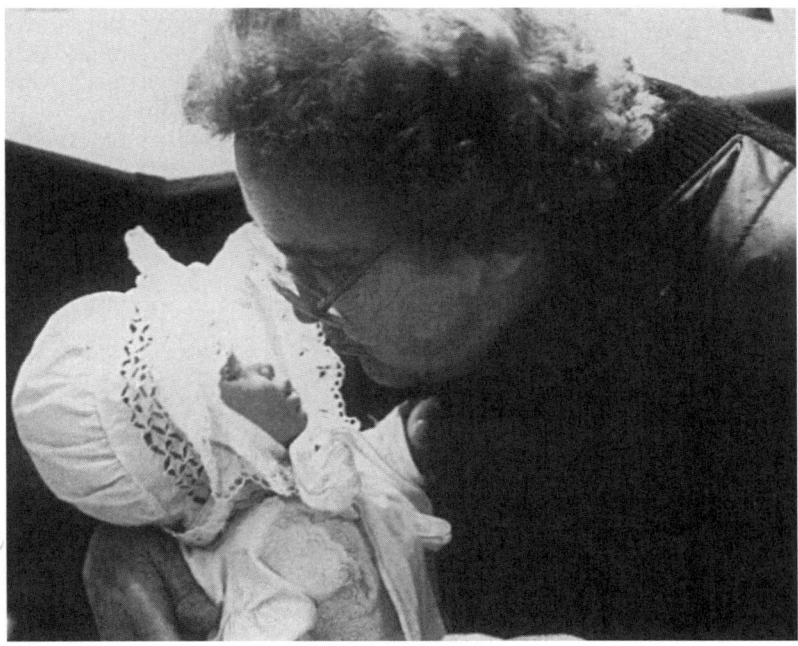

Alte Menschen sind meist hoch erfreut, wenn ihnen neue und abwechslungsreiche Aufgaben gestellt werden. Wer die Ideen in diesem Buch ausprobiert, wird feststellen, welche Entwicklungsprozesse in Gruppen möglich sind und wie spannend es sein kann, Erinnerungen hervorzulocken. Hat man sich für ein Thema entschieden, ist das Vorgehen im einzelnen zu planen. Weiß man selbst genau, worauf man hinaus will, kann auch bei den Teilnehmerinnen und Teilnehmern keine Verwirrung entstehen. Werden die Requisiten zusammengestellt, legt man sich am besten auch gleich die passenden Stichworte und Fragen zurecht.

Die alten Menschen sollten so sitzen, daß sie einander sehen und hören können – am besten im Kreis. Überlegt werden muß, wo die Gruppenleitung ihren Platz hat – vielleicht neben den Teilnehmern, die der besonderen Ansprache bedürfen. Für jemanden, der schwer hört, muß manches wiederholt oder gar aufgeschrieben werden. Erwartet man Teilnehmer mit Sehbehinderungen, sollte man auf kleinformatiges Bildmaterial verzichten und auf möglichst große Schrift achten.

Keinesfalls von Programmpunkt zu Programmpunkt hecheln! Alte Menschen brauchen viel Zeit, zu überlegen und ihren Erinnerungen nachzuhängen. Es kann ziemlich lange dauern, bis Vergangenes wieder präsent wird und in Worte gefaßt werden kann. Manch einer spricht erst nach zehn Minuten aus, was ihn bewegt. Wie schade wäre es, wenn dann schon das nächste Thema bearbeitet würde! Die alten Menschen freuen sich ganz besonders, wenn ihnen Dinge wieder einfallen, die sie längst vergessen hatten. Wir alle haben ein paar Standardgeschichten auf Lager, die wir immer wieder erzählen. Doch aufregend wird es erst, wenn wir uns selbst mit einem Detail überraschen, das uns völlig entfallen war.

Wichtig ist, wie die Teilnehmerinnen und Teilnehmer angesprochen und gefragt werden. Die geeignete Fragetechnik läßt sich gezielt trainieren, wenn man unterschiedliche Formen erprobt und ihre Wirksamkeit kontrolliert. Hier ein paar Beispiele:

Bei *geschlossenen* Fragen reicht oft ein kurzer Satz oder gar nur ein Wort als Antwort: Frage: „Sind Sie in Breslau zur Schule gegangen?" Antwort: „Nein." Oder: „Wie alt waren Sie, als Sie die Schule verließen?" Antwort: „Ich war vierzehn".

Kommt es nur auf diese Information an, ist die Fragestellung völlig ausreichend. Umfangreichere Erinnerungen werden hierdurch allerdings kaum angeregt. Sollten diese beim Teilnehmer trotzdem aufsteigen, wird er die Frage wahrscheinlich nicht als Einladung empfinden, darüber zu berichten. Oft fällt es sogar besonders schwer, auf solch präzise *Informationsfragen* zu antworten.

*Offene Fragen* ermutigen zu ausführlicheren Antworten und stellen auch frei, wozu man sich genau äußern will.

Frage: „Erzählen Sie doch mal, an was Sie sich aus ihrer Schulzeit erinnern." Antwort: „Also, ich erinnere mich noch an den großen roten Backsteinbau, an die strengen Lehrer und an meine Freundin Annie." Eine derartige Antwort erlaubt, vorsichtig weiter zu fragen oder zu kommentieren, damit noch mehr Einzelheiten berichtet werden können. Frage: „Erzählen Sie doch noch ein bißchen von ihrer Freundin Annie." Oder: „Sie hatten eine Freundin, die Annie hieß?" Dann ist es möglich, *nachzuhaken*, damit die Teilnehmer ihre Aussagen noch einmal überdenken. Frage: „Warum glauben Sie, daß die Lehrer damals so viel strenger waren?" Oder: „Inwiefern haben Ihre Enkel denn heute bessere Chancen als Sie damals?"

Nach Gefühlen und Einstellungen kann man sich auf unterschiedliche Weise erkundigen: Frage: „Welche Gefühle haben Sie, wenn Sie an ihre Schulzeit zurückdenken?" (Offene Frage). „Sind Sie gerne zur Schule gegangen?" (Geschlossene Frage).

„Wie hieß Ihr Lieblingslehrer?" (Informationsfrage). „Warum hat

Ihnen denn wohl die Schule so wenig Spaß gemacht?" (Nachhaken). *Suggestivfragen* setzen voraus, daß in einer bestimmten Richtung geantwortet wird. Manchmal wagt man dann nicht zu äußern, was man wirklich denkt: Frage: „Jeder hat eine beste Freundin. Wie hieß denn Ihre?" Mit einer Suggestivfrage kann aber auch eine Diskussion eingeleitet werden, weil sie die Teilnehmer/-innen zum Widerspruch reizt. Frage: „Die Schulzeit ist doch die beste Zeit im Leben, nicht wahr?"

*Viele Fragen gleichzeitig* zu stellen, kann verwirren und dazu führen, daß nur ein Teil der Fragen beantwortet wird. Frage: „Möchten Sie sich nicht hier zu mir setzen, Frau Krüger, und über ihre Schulzeit erzählen? Sie waren doch in der Bürgerschule 10, nicht wahr?" Was soll die Arme hierauf bloß sagen?

Alles, was die alten Menschen einbringen, ist ernstzunehmen und verdient Beachtung. Herablassung, Mißbilligung oder gar Spott sind fehl am Platz. Man sollte auch nicht vorschreiben wollen, an was sich die Teilnehmer erinnern (etwa: „Nun denkt mal jeder an die Luftangriffe"). Die Gruppenleitung spricht möglichst wenig und demonstriert vor allem nicht, was sie alles weiß.

Die Älteren sollen miteinander ins Gespräch kommen und sich nicht nur an die Gruppenleitung wenden. Man bittet also von Fall zu Fall, eine Teilnehmeräußerung laut wiederholen zu dürfen, damit sie jeder verstehen kann. Günstig ist es, wenn sich Verknüpfungen zwischen den Erinnerungen einzelner Teilnehmer herstellen lassen. Wenn man etwa erfährt, daß zwei Personen in derselben Gegend groß geworden sind, kann man sie ermuntern, sich darüber auszutauschen. Zu Frau Meier könnte man sagen: „Sie sind also Rheinländerin, Frau Meier? Erinnern Sie sich, daß uns Frau Schmidt letztes Mal erzählt hat, daß sie dort aufgewachsen ist? Wollen Sie sie nicht fragen, wo genau sie herstammt?" Gespräche untereinander werden auch durch Partnerarbeit gefördert. So können sich etwa jeweils zwei Teilnehmer/-innen eine gewisse Zeit gemeinsam Bilder oder Gegenstände ansehen und darüber sprechen.

## 7. Die Veranstaltungen planen

Die Umsetzung der einzelnen Vorschläge, die in Teil III dargestellt sind, kann unterschiedlich viel Zeit erfordern – manchmal sind es ein paar Minuten, manchmal viele Wochen. Man kann jeden Abschnitt vollständig durcharbeiten – genauso sinnvoll kann es aber auch sein auszuwählen, was der Gruppe am meisten entspricht.

Jedes Treffen sollte ein Thema haben. So können sich die alten Menschen auf die Inhalte einstellen, die zur Sprache kommen werden. Manche Gruppen planen mehrere Wochen im voraus, bei anderen ergibt sich das Thema vom einen auf das andere Mal und längeres Vorausplanen ist nicht angebracht. Es gibt auch Teilnehmer und Teilnehmerinnen, die sich gern vorbereiten und zu Hause Fotos und andere Erinnerungsgegenstände hervorsuchen und mitbringen.

Eine Veranstaltungsreihe kann chronologisch aufgebaut werden und sich thematisch am Lebenslauf orientieren. So sind die Vorschläge in diesem Buch angeordnet. Ebenso gut kann die Gruppe auch eigene

Ideen einbringen. Vielleicht ergibt sich das nächste Thema von Mal zu Mal aus der Diskussion. Ein anderer Ansatz ist es, ein Oberthema für die gesamte Veranstaltungsreihe zu wählen. Stammen alle Gruppenmitglieder aus derselben Gegend, liegt es nahe, den gemeinsamen Wohnort in den Erinnerungen wiedererstehen zu lassen. Stets sollte versucht werden, den Bezug zur Gegenwart herzustellen. Das ergibt sich zum Beispiel, wenn Teilnehmer eine Urlaubsreise planen und man sie einlädt, sich mit Ferienerinnerungen aus der Kindheit darauf einzustimmen. Steht eine Veränderung der Lebensumstände an – vielleicht ein Heimeinzug – bietet es sich an, Erinnerungen an frühere Umzüge zu thematisieren. Auch Jahreszeiten oder Festtage eignen sich, den Bogen zwischen früher und heute zu schlagen. Jedes Zusammensein sollte einen klar erkennbaren Anfang und ein deutliches Ende haben. Am Beginn steht die Information, um was es heute geht und wie lange das Treffen dauern wird. Einige Übungen eignen sich besonders gut, um auf ein Thema einzustimmen. Andere bieten sich für eine thematische Zusammenfassung am Ende an. Ein jeder erhält dann etwa die Möglichkeit zu einer letzten Bemerkung, wobei die Erinnerungen mit einer aktuellen Situation in Beziehung gebracht werden.

Menschen, die geistig stark beeinträchtigt sind, möchten sich auf gewisse Rituale einstellen. Für sie ist es wichtig, daß jedes Treffen auf die gleiche Weise begonnen und beendet wird. Zur Vorbereitung gehört die Beschaffung der erforderlichen Materialien. Es empfiehlt sich, im Laufe der Zeit Hilfsmittel wie Bücher, Bilder und Anschauungsgegenstände anzusammeln, damit man nicht immer wieder alles neu zusammensuchen muß. In Teil III werden Materialien vorgeschlagen, die sich besonders gut eignen, Erinnerungen anzustoßen. Zur Grundausstattung gehören immer auch Zeichenmaterial, Musikkassetten und Abspielgerät.

Bei der Planung sind also zu berücksichtigen:

■ das Thema

■ die Einstimmungsübung

■ die zentrale Aktivität

■ die Gestaltung der Abschlußrunde

■ die erforderlichen Hilfsmittel

■ das Ziel des Treffens

■ die Aufgabenverteilung, wenn mehrere Personen die Gruppe leiten.

## 8. NACHBEREITUNG

Oft fällt es schwer, sich nach einem Treffen Notizen zu machen. Arbeitet man in einem Heim, ist es erst einmal wichtiger, die Teilnehmerinnen und Teilnehmer in ihre Zimmer zurückzubringen, den Raum aufzuräumen und zu erledigen, was zwischenzeitlich liegengeblieben ist. Auf jeden Fall wird man abgespannt sein, erfordert es doch ein hohes Maß an Konzentration, eine Gruppe zu leiten. Wer sich indes nicht zwingt, schon recht bald nach jeder Sitzung verständliche und brauchbare Aufzeichnungen zu machen, wird es schwer haben festzustellen, ob die Arbeit gut läuft: Hat man selbst an Erfahrung und Geschick gewonnen? Welchen Nutzen haben die alten Menschen von der Veranstaltung? Folgende Punkte sollten auf jeden Fall festgehalten werden:

■ Rahmenbedingungen:

Datum und Dauer des Treffens,

Zahl und Namen der Teilnehmer/-innen;

Inhalt und Methode:

Welche Themenstellung und Vorplanung gab es?

Welche Stichworte wurden gegeben?

Welche Materialien kamen zum Einsatz?

Wie hat sich das Vorgehen bewährt?

Welches waren besonders erfolgreiche Interventionen (etwa, daß die Sitzordnung diesmal allen freie Sicht erlaubte)?;

■ Störende Einflüsse (Vielleicht Maschinengeräusche vor der Tür, die verhinderten, daß alle gut hören konnten);

■ Gruppendynamische Situation (Ist sie positiv oder sollte man sie zu verändern suchen?)

■ Erreichen der Zielsetzung (Womit kann belegt werden, daß die Arbeitsziele erreicht wurden?)

■ Bemerkungen zur Leitungsrolle (Ist es z.B. gelungen, alle Teilnehmer gleichermaßen einzubeziehen? Gibt es eine zu starke Fixierung auf die Leitung?)

■ Pläne zur weiteren Arbeit (Was sollte beim nächsten Treffen wieder aufgegriffen werden?)

■ Welche neuen Ideen sind einzubringen?

Zwischen Fakten und Meinungen muß bei der kritischen Nachbereitung klar unterschieden werden, subjektive Einschätzungen sollte man belegen können. Es ist zum Beispiel wenig hilfreich zu notieren: „Frau S. hatte schlechte Laune." War dies für die Sitzung relevant, kann man notieren, was Frau S. tat und was sie sagte, aber nicht, was man über ihre Gefühlslage vermutet – es sei denn, Frau S. hätte sich selbst hierzu geäußert. Auch bei den Aufzeichnungen gilt es, die vereinbarten Regeln der Verschwiegenheit zu beachten.

9. TYPISCHE SCHWIERIGKEITEN

Ein Problem sind mitunter die „Vielredner" in einer Gruppe, die sich meist aber nur hervortun können, weil die Gruppenleitung nicht energisch genug eingreift. Natürlich sollen auch die Äußerungen der mitteilungsfreudigen Teilnehmerinnen und Teilnehmer gewürdigt werden. Dann aber kann man sie bitten, den anderen zuzuhören, da jeder zu Wort kommen möchte. Übungen, bei denen jeder der Reihe nach dran kommt, eignen sich gut, die Beiträge allzu gesprächiger Personen zu strukturieren und zu begrenzen.

Wer Erinnerungen anregt, ist mitunter unsicher, wie er oder sie sich verhalten kann, wenn ein Teilnehmer in Tränen ausbricht. Oft wird gesagt, man sei um die alten Menschen besorgt. Viel eher drücken sich jedoch hier eigene Ängste aus, weil man unsicher ist, wie man auf die Trauer oder die Wut anderer reagieren soll. Die Bedenken sind oft besonders stark in Einrichtungen, in denen grundsätzlich nur wenig Gefühle gezeigt werden. Eigentlich weinen die alten Menschen viel seltener, als allgemein angenommen, wenn sie sich mit der Vergangenheit beschäftigen – aber natürlich kommt es vor.

Manch eine/r fürchtet, das gemeinsame Erinnern ließe irgendwelche tief vergrabenen Schmerzen hervorbrechen und könne einzelne Teilnehmer in Verzweiflung stürzen. Das ist höchst unwahrscheinlich. Die Menschen teilen meist keine unglücklichen Erinnerungen oder Gefühle mit – es sei denn, sie verspürten wirklich den Wunsch dazu.

Das gemeinsame Erinnern soll vor allem helfen, die Vergangenheit wiederzubeleben, das Gedächtnis zu üben und gegenseitiges Kennenlernen und Verstehen zu fördern. Erinnerungspflege kann zu den verschiedensten Aktivitäten führen – aber nie geht es darum, Geheimnisse aufzudecken oder tragische Schicksale ans Licht zu zerren.

Alte Menschen verfügen auch über Erfahrungen, die sehr gefühlsbeladen sind. Es ist völlig normal, bei manchen Erinnerungen innerlich bewegt zu sein. Manch alter Mensch spricht auch seine Trauer über die aktuelle Lebenssituation sehr deutlich aus. Dies kann und soll nicht vermieden werden. Die Gruppe ist der schützende Raum, in dem auch intensive Gefühle einmal ausgedrückt werden können.

Wenn eine Teilnehmerin indes plötzlich das Thema wechselt oder zu sprechen aufhört, mag dies ein Zeichen sein, daß sie an eine Grenze gekommen ist, die sie nicht überschreiten möchte. Die sensible Gruppenleiterin wird dies spüren und respektieren.

Wenn nun jemand wirklich sehr traurig wird und zu weinen anfängt – keine Panik: Immer sind ein paar Augenblicke Zeit, um zu überlegen, was zu tun ist. Die Gruppenleiterin kann etwa das Wort ergreifen, um von dem weinenden Gruppenmitglied abzulenken. Vielleicht weist sie darauf hin, daß es durchaus traurig machen kann, an die Vergangenheit zu denken. Will der Betreffende eine Weile in Ruhe gelassen werden, setzen die anderen das Gespräch fort. Oft tut es dem Weinenden gut, einen Arm um die Schulter zu spüren oder einen Händedruck, manchmal möchte er auch den Raum verlassen. Fast immer kommt in solchen Situationen auch Unterstützung aus dem Teilnehmerkreis. Vielleicht geht man im Anschluß an das Treffen noch einmal auf diesen älteren Menschen zu und erkundigt sich nach seinem Befinden. Manchmal wird sich auch die Gruppenleitung mit einer Kollegin über die Situation beraten wollen.

## 10. MIT PSYCHISCH VERÄNDERTEN MENSCHEN ARBEITEN

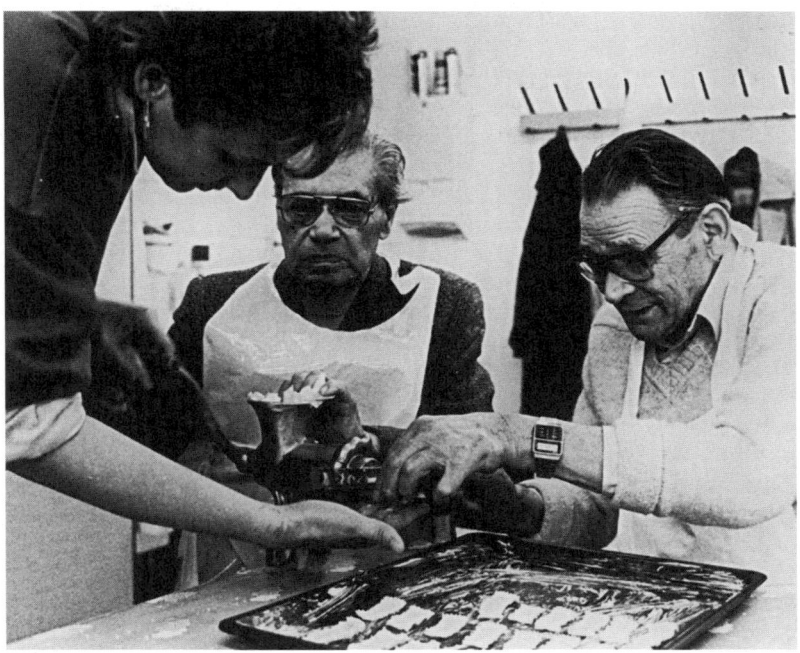

Selbstverständlich profitieren auch verwirrte alte Menschen von der Biographiearbeit. Es wird häufig unterschätzt, wie sehr sich ein verwirrter alter Mensch konzentrieren und bei wie vielen Aktivitäten er sich beteiligen kann. Oft ist er stiller Beobachter – vorausgesetzt, es handelt sich um die richtigen Angebote in der richtigen Atmosphäre. Gelingt es, mit psychisch veränderten alten Menschen über ihre Erinnerungen in Beziehung zu treten, so entwickeln sie Freude am Zusammensein und der Kommunikation mit anderen. Das Pflegepersonal beginnt, sich für die Lebensgeschichten dieser alten Menschen zu interessieren und mehr und mehr auf ihre individuellen Bedürfnisse einzugehen. Betreuungskräfte (und auch Angehörige) sind zu bestärken, den Äußerungen der alten Menschen Glauben zu schenken. Statt Mitteilungen als „verwirrt" abzuwehren, bloß weil sie nicht auf Anhieb verständlich sind, muß man lernen, sie als Wahrheit zu akzeptieren und zu begreifen.

Auch Menschen, die sehr unruhig sind, brauchen im allgemeinen nicht ausgeschlossen zu werden. Manch einem gelingt es, sich zu einer Gruppe zu setzen und bei einer interessanten Aktivität mitzumachen. Das bedeutet zumindest eine zeitweise Entlastung von der ängstlichen Umtriebigkeit, unter der viele Verwirrte leiden. Klappt das nicht, ist zu entscheiden, wie oft man jemanden bitten soll zu bleiben (vielleicht zweimal?). Sonst erhalten die Personen, die mitmachen möchten, weniger Aufmerksamkeit als jemand, der ohnehin wieder gehen will. Brücken in die Vergangenheit lassen sich besonders gut über den Geschmacksinn, den Tast- und den Geruchssinn schlagen. Samt und Seide verführen zu Berührungen, Kölnisch Wasser und Mottenkugeln riechen vertraut, auf Himbeeren und Zimtsterne reagieren die Geschmacksnerven. Mehr Vorschläge finden sich im Teil III. Manchmal ist es unmöglich festzustellen, ob es tatsächlich alte Erinnerungen sind, die solchermaßen beschworen wurden – doch eine jede Reaktion zeigt, daß es gelungen ist, die verbliebenen Erlebensmöglichkeiten anzusprechen.

Die Lebensgeschichte verwirrter (wie selbstverständlich auch psychisch gesunder) Menschen kann in einem „Lebensbuch" zusammengetragen werden. Bei seiner Herstellung entfällt zwar die Interaktion in einer Gruppe, es entsteht jedoch eine intensive Zweierbeziehung. Das allein schon ist eine wertvolle Erfahrung für eine Heimbewohnerin, die sonst nur wenig persönliche Zuwendung erfährt und deren Freizeit und Aktivierung grundsätzlich in einer Gruppensituation erfolgt. Menschen, die so verbittert, zornig oder verwirrt sind, daß man nur schwer Zugang zu ihnen findet, erleben es oft als eine beglückende Aufgabe, ihr Lebensbuch gemeinsam mit einer Bezugsperson zusammenzustellen.

Ins „Lebensbuch" wird möglichst viel Informationen über den betreffenden alten Menschen eingetragen. Die alte Frau oder der alte Mann wird an der Arbeit beteiligt, wo immer möglich. Abgerundet wird das „Lebensbuch" durch Angaben von Verwandten und Freunden. Eigene Nachforschungen helfen, Lücken zu schließen, passendes Bildmaterial und Familienphotos lockern die Texte auf. Ein Stammbaum verdeutlicht den Betrachtern wie dem alten Menschen selbst, wer die einzelnen Familienmitglieder sind und in welcher Beziehung er zu ihnen steht. Mit Landkarten und Stadtplänen lassen sich Umzüge nachvollziehen.

Betrachten Betreuungspersonen solch ein „Lebensbuch" gemeinsam mit dem „Autor", wird es ihnen leichter, ihn in all seiner Geschichtlichkeit zu erkennen und in ihm mehr zu sehen, als den Adressaten standardisierter Versorgungspakete. Das „Lebensbuch" kann für den alten Menschen zu einem wertvollen Besitz werden und Anlaß bieten für mancherlei Gespräche. Läßt das Gedächtnis im Laufe der Zeit weiter nach, wird es zu einer immer wichtigeren Informationsquelle.

## 11. Kontakte zu Kindern

Immer weniger alte und junge Menschen haben in ihrem engeren Umfeld die Möglichkeit, Erfahrungen mit der jeweils anderen Generation zu machen. Über das Medium der Erinnerung lassen sich Begegnungen zwischen alten und jungen Menschen besonders gut knüpfen. Die Kinder können die Älteren über inzwischen historische Lebenszusammenhänge befragen, die alten Menschen ihrerseits freuen sich an der Lebendigkeit und Neugier der Jüngeren. Am einfachsten und auch vergnüglichsten gestalten sich Begegnungen zwischen Alt und Jung, wenn es miteinander etwas zu unternehmen gibt: Vielleicht lernen Kindergartenkinder unter Anleitung der alten Menschen Spiele von früher kennen oder eine Schulklasse lädt eine Gruppe von Heimbewohnern zu einem Vergleich der unterschiedlichen Schulerfahrungen ein. Aber man kann auch gemeinsam Theater spielen und Feste feiern. Sind Erinnerungen gefragt, so finden sich auch gesundheitlich stark beeinträchtigte Menschen in der Rolle von Fachleuten wieder. Ihr Selbstvertrauen wächst und es wird ihnen leicht, sich mit den Kindern auszutauschen. Durch den Einsatz kreativer Arbeitsmethoden gewinnen diese Begegnungen auch für reizüberflutete Schulkinder eine eigene Faszination.

# Teil II: Methoden

1. REIHUM FRAGEN

2. ERINNERUNGEN PRÄSENTIEREN

3. ROLLEN- UND THEATERSPIELE

4. ZEICHNEN, MALEN UND COLLAGEN

5. GEGENSTÄNDE BETRACHTEN UND HERUMREICHEN

6. LISTEN AUFSTELLEN

7. STADTPLÄNE UND LANDKARTEN

8. MUSIK UND GERÄUSCHE

9. AUSFLÜGE

10. TÄTIGKEITEN AUS DEM FRÜHEREN ARBEITSLEBEN

11. STICHWORTE GEBEN UND FRAGEN STELLEN

12. TEXTE (VOR)-LESEN

13. EINLADUNG ZUM RUNDGANG

14. GESCHICHTEN ERZÄHLEN

15. REZITIEREN

16. FÜHLEN, RIECHEN, SCHMECKEN

17. BILDER BETRACHTEN

18. SCHREIBEN

Biographisches Arbeiten läßt sich sehr abwechslungsreich gestalten. Die einzelnen Arbeitsformen, die in den Themenvorschlägen in Teil III angewandt werden, sollen vorab kurz vorgestellt werden. Viele Übungen laden zu einem Vergleich zwischen dem Früher und dem Heute ein. So haben die alten Menschen die Möglichkeit, mancherlei Vorstellungen über die „gute alte Zeit" einer kritischen Prüfung zu unterziehen. Bei den Gruppenmitgliedern wird gleichzeitig Verständnis für die Situation der heute jungen Menschen geweckt. Zudem läßt sich so der Bogen von der Vergangenheit zur Gegenwart spannen.

Für Gruppenleitung und Teilnehmer gleichermaßen erhellend ist es, wenn zu Beginn einer Veranstaltungsreihe eine „Zeitschiene" erstellt wird. Auf eine lange Papierbahn – vielleicht einer Tapetenrolle – malt man einen Balken und unterteilt ihn in zeitliche Abschnitte, etwa in Fünf-Jahresschritte. Auf diesen Balken zeichnet die Leiterin gemeinsam mit der Gruppe die einschneidenden Ereignisse der ersten Hälfte unseres Jahrhunderts ein. Dann fügen die Teilnehmerinnen und Teilnehmer – wenn erforderlich mit Hilfe – die für ihre Jugend markanten Daten hinzu. Das dürften sein: Geburt, Schuleintritt, Schulentlassung, vielleicht Hochzeit oder Auszug von zu Hause. Hängt man diese Zeitschiene für die Dauer der Veranstaltungsreihe auf, ist mit schnellem Blick bei späteren Gesprächen festzustellen, in welcher Lebensphase ein jeder ganz bestimmte historische Momente erlebte. Wie alt waren die einzelnen Teilnehmer zum Beispiel am Ende des Ersten Weltkriegs, in den „Wilden Zwanzigern" oder bei der Machtergreifung Hitlers? Darüber hinaus ist es aufregend, sich so zu visualisieren, in welche historischen und kulturellen Zusammenhänge das ganz persönliches Leben eingebettet ist.

## 1. REIHUM FRAGEN

Bittet man jedes Gruppenmitglied, kurz auf eine Frage zu antworten, zügelt man den Redefluß besonders gesprächiger Teilnehmerinnen und Teilnehmer und ermutigt die stilleren zu sprechen. Selbst Menschen, die kaum noch etwas sagen, schaffen es dann manchmal, wenigstens mit einem Wort zu antworten. Mit etwas Ermunterung malen sie ihre Erinnerungen dann vielleicht noch ein wenig aus. Beispiele:

(1) Die Gruppenleitung stellt jedem die gleiche oder eine sehr ähnliche Frage und bittet, mit einem Wort oder einem sehr kurzen Satz zu antworten. Das ist ein guter Einstieg, um erste Informationen zu erhalten. Zum Beispiel kann man fragen, wo jeder in die Schule gegangen ist. So ergibt sich eine Vorstellung von der geographischen Herkunft der Teilnehmer.

(2) So wird die Phantasie angeregt: Mit einer kleinen spitzen Papiertüte geht man von einem zum anderen und fragt jeden der Reihe nach: „Welche Süßigkeiten hätten Sie als Kind gern in dieser Tüte gehabt?" (Es reicht auch, wenn man nur vorgibt, eine Tüte in der Hand zu halten.) Oder es wird eine Puppe herumgereicht und dabei die Frage gestellt: „Wenn das Ihre Puppe gewesen wäre, welchen Namen hätte sie wohl gehabt?"

## 2. ERINNERUNGEN PRÄSENTIEREN

Manchmal entsteht in der Gruppe der Wunsch, an den Erinnerungen auch andere Anteil nehmen zu lassen. Oft läßt sich aus dem Material, das in den Gruppentreffen zutage gefördert wurde, eine richtige kleine Ausstellung oder zumindest eine Schautafel oder ein Wandbild zusammenstellen: Mit einer Landkarte, auf der die wichtigsten Lebensstationen gekennzeichnet sind, kann man beginnen. Kleine Textstücke, Bilder und Postkarten werden zur Ergänzung ringsherum angeordnet. Sammelstücke liegen auf einem Tisch aus. Solch eine Präsentation kann der Auftakt aber auch die Abrundung einer Veranstaltungsreihe sein.

Die „Lebenskiste" ist eine besonders faszinierende Form der Selbstpräsentation: Jedes Gruppenmitglied erhält eine Kiste oder einen großen Karton, der nach eigenem Gutdünken wie eine Puppenstube oder kleine Bühne gestaltet wird. Ziel ist, auf kleinem Raum darzustellen, was jeder rückblickend für sein Leben als typisch ansieht. Es entstehen so ganz unterschiedliche, oft liebevoll ausgestattete „Lebenskisten", die etwa eine bestimmte Szene aus der Kindheit wiedergeben. Andere werden als Mini-Museum mit Erinnerungsstücken ausstaffiert, wobei jeder Gegenstand einen schriftlichen Kommentar erhält. Wieder andere Teilnehmer finden ein für ihr Schicksal prägendes Oberthema, das sie in der Kiste plastisch darstellen – wie etwa die alte Dame, für die es stets wichtig war, gepflegt auszusehen: Puderdose, Lippenstift und Modeschmuck, Spitzentaschentuch und Lockenwickler geben das Leitmotiv an. Eine Fotogalerie von der Kindheit bis ins hohe Alter zeigt, wie sich ein Gesicht über die Jahrzehnte wandelte und die Modestile individuell nachvollzogen wurden. Je nach der Geschicklichkeit und dem Gesundheitszustand der Teilnehmer, wird man ihnen beim Sammeln der Objekte und auch bei der praktischen Umsetzung zur Hand gehen müssen. Die „Lebenskisten" einer ganzen Gruppe nebeneinander ausgestellt, ergeben eine eindrucksvolle Momentaufnahme ganz unterschiedlicher Persönlichkeiten und ihres Vermögens, sich darzustellen. Von einer alten Dame wird berichtet, daß sie darauf bestand, ihre „Lebenskiste" rechtzeitig zur Geburtstagsfeier zu Hause zu haben, um ihren Angehörigen auf diesem Wege ein Bild von sich zu vermitteln.

## 3. ROLLEN- UND THEATERSPIELE

Erinnerungen eignen sich gut für spontanes Rollenspiel. Manche Szene dauert nur eine Minute und man braucht sich dabei nicht einmal zu bewegen. Der Gruppe wird oft kaum bewußt, daß sie Theater spielt. Wer sich erst einmal daran gewöhnt hat, diese Methode einzusetzen, wird immer neue Möglichkeiten entdecken. Es kommt auch vor, daß eine Spielidee nicht funktioniert – dann wird eben schnell zu einer anderen Methode übergewechselt.

Bei den nachfolgenden vier ersten Beispielen steht der Dialog und nicht die Körpersprache im Vordergrund. Ein Streit oder eine andere Form des erregten Wortwechsels lassen sich auf diese Weise gut darstellen. Schließlich werden noch eine Pantomime und der Einsatz von Puppen vorgeschlagen. Aus den Erinnerungen einzelner oder einer ganzen Gruppe kann selbstverständlich auch ein anspruchsvolles Theaterstück entwickelt werden, sei es improvisiert oder mit ausgearbeiteten Dialogen.[9]

---

9  Siehe Bittner, Eva/Kaiser, Johanna: Graue Stars. 15 Jahre Theater der Erfahrungen, Berlin. Freiburg 1996. Dieses Buch enthält einen Bericht über die besonders erfolgreiche Berliner Seniorentheaterarbeit.

(1) Im Verlauf eines Gespräches über die Schulzeit schlüpft die Gruppenleiterin unvermittelt in eine andere Rolle, etwa die der strengen Lehrerin, und sagt: „Sitz doch endlich mal still, Du dort hinten". – Dann wartet sie ab, ob aus dem Teilnehmerkreis vielleicht spontan die Antwort kommt: „Ich war's nicht, Fräulein!"

(2) In diese Szene könnte die Gruppenleiterin auch so einführen: „Ich bin jetzt die strenge Lehrerin und sage: ,Sitz doch endlich mal still, Du dort hinten!' – Was würden Sie antworten?" Aus der Gruppe kommen allerlei Reaktionen, auf die die „Lehrerin" wiederum antwortet. Solch ein Gespräch läßt sich ein bis zwei Minuten fortsetzen.

(3) Die Gruppenleitung bittet die Teilnehmer/-innen, in einer Geschichte, die eben aus der Erinnerung geschildert wurde, bestimmte Rollen zu übernehmen. So kann eine Teilnehmerin die Lehrerin darstellen, eine andere die Mutter und eine dritte die Schülerin. Die drei dürfen sich dann ihren Dialog ausdenken. Man kann die anderen einbeziehen, wenn diese die Vorschläge für den Dialog „soufflieren" und die „Schauspielerinnen" die Worte nur noch wiederholen.

(4) Eine weitere Variante: Die Gruppenleiterin spricht alle Rollen, benutzt aber ausschließlich Worte, die von den alten Menschen vorgeschlagen werden. Nach jedem Beitrag müssen die Teilnehmer also überlegen, wie es weitergehen soll. Beispiel:

> Die Leiterin stellt die Szene vor: Ich bin eine ärgerliche Mutter. Meine 16jährige Tochter ist zu spät nach Hause gekommen ist. Was wird die Mutter zur Tochter sagen? Beitrag aus der Gruppe: „Ich habe Dir doch gesagt, du sollst um halb elf zu Hause sein, warum kommst Du erst jetzt?" Die Gruppenleiterin wiederholt: „Ich habe Dir doch gesagt, Du sollst um halb elf zu Hause sein, warum kommst Du erst jetzt?", und fährt fort: „Was antwortet die Tochter wohl?". Jemand in der Gruppe schlägt vor: „Der Bus ist nicht gekommen". Die Leiterin wiederholt und fragt dann, was die Mutter darauf gesagt haben könnte usw.

Diese Übung kann ausgebaut werden, wenn man auch berücksichtigt, was die Charaktere denken, aber nicht sagen. Zum Beispiel erläutert ein Gruppenmitglied den wirklichen Grund für das Zuspätkommen und die Gefühle der Tochter.

(5) Die Gruppenleitung führt in ein Thema ein, indem sie schweigend eine Tätigkeit vormacht und sie die Gruppe erraten läßt. Dann sind die Teilnehmer an der Reihe. Beispiel: Jeder demonstriert einen Arbeitsablauf aus seinem früheren Berufsleben.
Diese Vorstellung braucht nur ein paar Handbewegungen zu umfassen. Es können aber auch längere und kompliziertere Situationen vorgeführt und erläutert werden. So kann es etwa einem ehemaligen

Maurer sehr viel leichter fallen zu zeigen, wie eine Mauer errichtetet wird, als den Vorgang in Worte zu fassen. Der gesamte Arbeitsablauf vom Abladen der Backsteine bis zum Anrühren des Mörtels und zum Aufmauern läßt sich ohne jeden Kommentar veranschaulichen.

(6) Man kann auch Marionetten einsetzen oder Handpuppen. Vielleicht mögen einige Gruppenmitglieder sogar selbst passend kostümierte Puppen herstellen. Puppen, die an Stöcken befestigt sind, lassen sich für Menschen mit steifen Fingern leichter bewegen als Handpuppen. Die Teilnehmer sprechen dann durch die Puppen.[10]

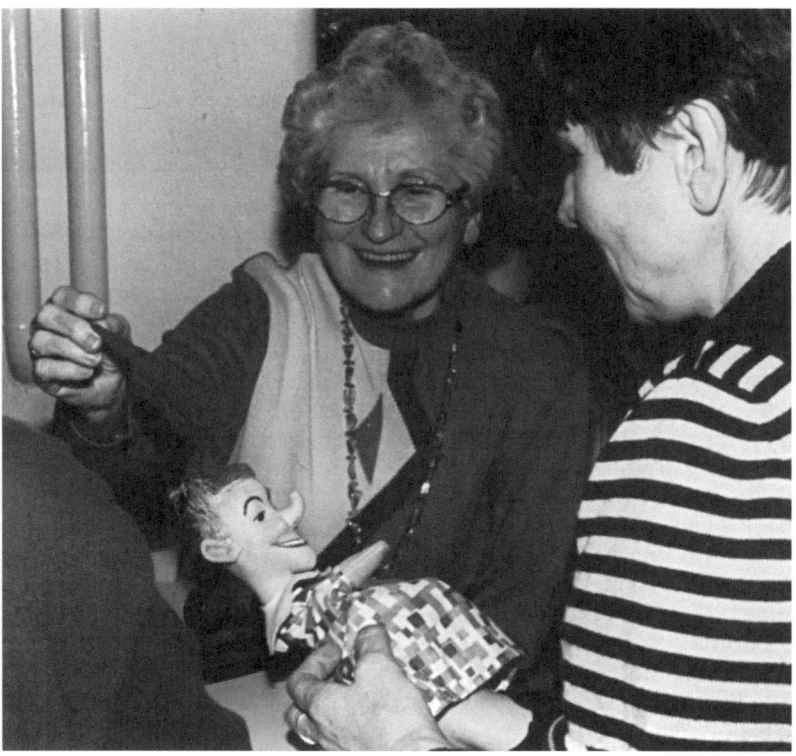

---

[10] Sehr anschaulich informiert über die Herstellung und den Einsatz auch ganz simpler Puppen Steinmann, Peter K.: Theaterpuppen. Ein Handbuch in Bildern. Frankfurt 1980.

## 4. ZEICHNEN, MALEN UND COLLAGEN

Bildliche Darstellungen rufen ganz andere Erinnerungen wach, als Worte es je könnten. Will man etwa ein bestimmtes Haus zeichnen, muß man wissen, wieviel Stockwerke es hatte, ob es für sich stand oder ein Reihenhaus war. Man muß sich vergegenwärtigen, wie das Dach aussah, wo sich die Haustür befand und an welcher Seite des Eingangs der Briefkasten hing.

Bei den meisten der hier beschriebenen Beispiele sind der Prozeß des Malens und die Erinnerungen, die dadurch angeregt werden, viel wichtiger als die Qualität des schließlich entstandenen Bildes. Es ist durchaus erlaubt, fertige Papierfiguren aufzukleben und Kommentare dazuzuschreiben. Wie auch immer das Endprodukt aussehen mag, seine Herstellung wird auf jeden Fall viele Erinnerungen zu Tage fördern. Am Ende hält man eine wertvolle Gedächtnisstütze in Händen.

Wenn Teilnehmer/-innen nicht in der Lage sind zu zeichnen oder meinen, sich dann nicht mehr auf ihre Erinnerungen konzentrieren zu können, führt ein anderer das Bild aus. Hierzu muß natürlich besonders genau beschrieben werden, wie alles aussehen soll. Das heißt auch, präzise nachzufragen. Dies wiederum regt die Erinnerungen in besonderem Maße an. Wer den Zeichenstift führt, wird sich indes hüten müssen, Vermutungen zu äußern, wie die Dinge wohl waren.

Gut zeichnen lassen sich folgende Motive: Ein bestimmtes Zimmer in dem Haus, in dem die alten Menschen einmal gewohnt haben, eine Häuserzeile, an die sie sich erinnern wollen, ein Marktplatz, ein Garten, ein Ausflugsziel sowie die Kleidung, die sie früher getragen haben.

Zu sehr detaillierten Zeichnungen führt etwa die Frage: „Welche Gegenstände befanden sich zu Hause im Küchenschrank?"
Auch die Herstellung eines Gruppenbildes ist möglich. Alle Teilnehmerinnen und Teilnehmer bringen auf dieselbe Frage ihre durchaus unterschiedlichen Erinnerungen ein und die Gruppenleitung – oder einzelne der alten Menschen – führen die Zeichnungen aus. So wird auf einem Gartenbild neben dem von einer alten Dame vorgeschlagenen Rosenstrauch auch das Gemüsebeet einer anderen zu sehen sein, und es wächst gar noch der Bananenbaum einer dritten. Das Bild mag eine Mutter zeigen, die Wäsche aufhängt und eine andere, die sie im Bach wäscht. Ist das Bild fertig, tauscht man sich über die verschiedenartigen Erinnerungen aus.
Wendet eine Gruppe die Arbeit mehrerer Wochen für solch ein Bild auf, kann ein richtiges Kunstwerk entstehen. Vorausgegangen sind Gruppendiskussionen, das Blättern in Bildbänden und die Zusammenstellung der erforderlichen Materialien. Bei einer Gruppencollage können Ölfarben, unterschiedliche Papiersorten und -farben, Fotokopien, Wolle, Spitze, getrocknete Blumen und Bast verwendet werden – alles, was gefällt und den Erinnerungen gerecht wird.

5. Gegenstände betrachten und herumreichen

Auf vielerlei Weise werden Erinnerungen durch das Hantieren mit alten und auch neueren Alltagsgegenständen angeregt. Es empfiehlt sich, eine Sammlung anzulegen, die immer wieder eingesetzt werden kann. Die im Vorwort erwähnten „Erinnerungskoffer", die von Age Exchange zu den unterschiedlichsten Themenbereichen gefüllt wurden, enthalten neben den Gebrauchsobjekten auch Fotos und Dokumente und werden bei Bedarf an andere Einrichtungen ausgeliehen. Manchmal reichen schon ein oder zwei geschickt ausgewählte Gegenstände, um die Gedanken zu beflügeln.

Heimatmuseen stellen mitunter einzelne Stücke für derartige Zwecke zur Verfügung. Auf dem Flohmarkt oder beim Gebrauchtwarenhändler wird man seine Sammlungen auf preiswerte Weise ergänzen können. Vielleicht lassen sich die Teilnehmer einer Gruppe auch motivieren, an der Zusammenstellung von Erinnerungskoffern mitzuwirken – sei es, durch Spenden aus dem eigenen Haushalt oder durch konkrete Vorschläge, was in die jeweilige Sammlung gehört. Günstig wäre sicher, wenn sich nach dem Vorbild von AGE EXCHANGE in jeder Region ein Heim oder eine Bildungsstätte fände, die den Aufbau einer Art Erinnerungsmagazin übernähme und die Materialien dann gegen geringe Gebühr auch anderen zur Verfügung stellte.

Und so kann man mit Alltagsobjekten arbeiten:

(1) Einige Gegenstände, die zum Thema passen, werden herumgereicht. Die Teilnehmerinnen führen einander vor, wie sie benutzt wurden und erzählen, welche Erinnerungen in ihnen aufsteigen.

(2) Die Gruppe findet zu Beginn eines Treffens verschiedene Gegenstände mitten im Raum zu einem Stilleben arrangiert vor. Jede/-r hat Gelegenheit, sie zu betrachten und zu kommentieren.

(3) Ein anderer Einstieg ist es, wenn ein jeder von einem Tablett oder aus einem Korb einen Gegenstand auswählt und berichtet, welche Erinnerung ihn/sie gerade zu diesem Objekt greifen ließen.

(4) Ein abgedeckter Korb wird herumgereicht und die Teilnehmer ertasten den darin befindlichen Gegenstand und versuchen, ihn zu erraten.

## 6. LISTEN AUFSTELLEN

Es macht alten Menschen immer wieder überraschend viel Freude, all die Dinge auf einer Liste zusammenzutragen, an die sie sich im Zusammenhang mit einem bestimmten Thema erinnern. Auf ein großes Blatt wird alles in deutlicher Schrift notiert. Man kann erst die Liste vervollständigen und dann über die einzelnen Punkte sprechen. Manchmal möchten sich die Teilnehmer aber auch gleich über jeden Begriff austauschen, der genannt wird.

Listen lassen sich gut anlegen über unterschiedliche Stoffe und Gewebe sowie deren Verwendung, über (möglichst) alle Artikel in einem Kolonialwarenladen, die Tätigkeiten im Haushalt, den Inhalt eines Schulranzens und über Kinderspiele.

## 7. STADTPLÄNE UND LANDKARTEN

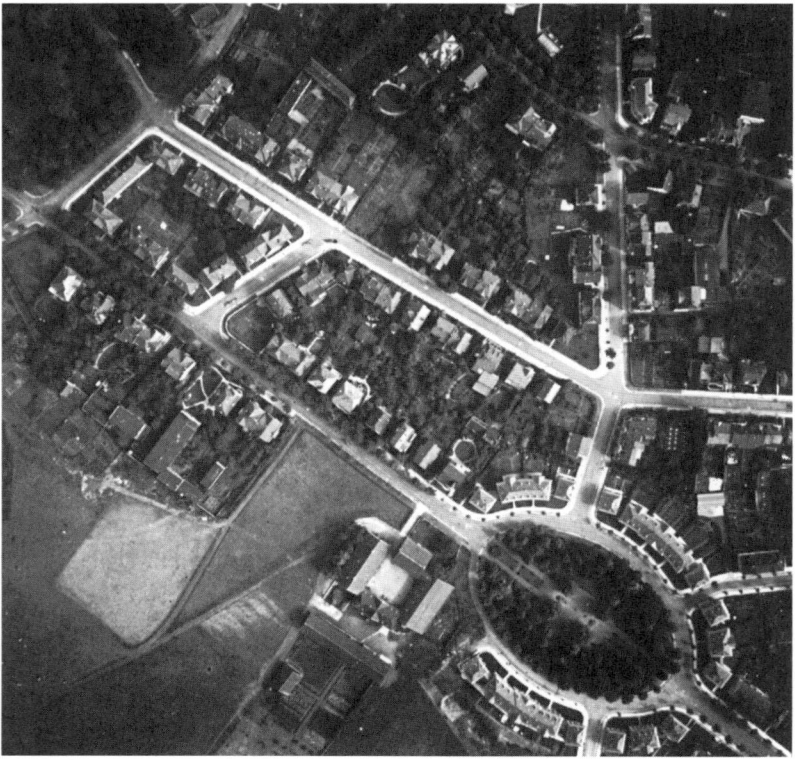

Stadtpläne und Landkarten – ob aus der nächsten Umgebung, einer größeren Region oder Weltkarten – beflügeln stets die Erinnerung. Die alten Menschen können einzeichnen (lassen), wo sie gelebt haben und wohin sie gereist sind. Bei Karten mit großem Maßstab lassen sich die Veränderungen nachvollziehen, die sich in einem bestimmten Wohngebiet ergeben haben.

Auch ganz persönliche Landkarten können hergestellt werden: Der Geburtsort oder ein anderer, für den Lebensverlauf entscheidender Ort wird in die Mitte eines Blattes gezeichnet. Der „Rest der Welt", wie er aus der individuellen Perspektive erfahren wurde, ist dann um dieses Zentrum anzuordnen.

## 8. MUSIK UND GERÄUSCHE

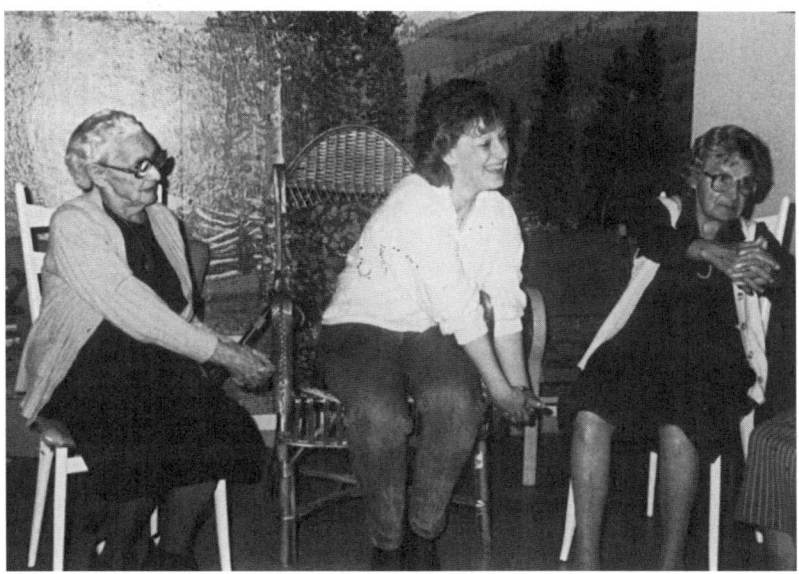

Musik und auch Geräusche sprechen das Gedächtnis auf besonders intensive Weise an. Erinnerungen werden wach, die mit Worten nicht hervorzulocken schienen. Vertraute Melodien und Lieder erreichen auch sehr verwirrte Menschen, die längst nicht mehr auf sprachliche Aufforderungen reagieren. Mit entsprechenden Musikkassetten kann man herausfinden, welche Vorlieben die Teilnehmer mitbringen und bei welchen Stücken die Vergangenheit präsent wird. Sind es Opern- oder Operettenmelodien, Volkslieder oder Schlager, Blas- oder Tanzmusik? Man kann mit klassischen Stücken, Jazz, Pop und Kirchenliedern experimentieren. Die stärksten Emotionen werden sich möglicherweise bei Schlagermelodien einstellen. Dabei muß natürlich das Alter der Teilnehmer berücksichtigt werden – wer in den 20er Jahren tanzen ging, bewegte sich zu anderen Klängen als die Menschen, die in der Kriegs- und Nachkriegszeit jung waren.[11]

---

[11] Über die geschickte Verknüpfung von Schlagermelodien mit der Auffrischung des zeitgeschichtlichen Gedächtnisses berichtet Joppig, Wolfgang: „...bald kommt auch das Glück zu dir." In: Altenpflege, 21, 1996 S. 402 – 404.

(1) Passend zum jeweiligen Thema kann die Gruppe singen, entsprechende Musikstücke von Kassette hören oder sie sich auf einem Instrument vorspielen lassen. Spricht man etwa über die Zeit der ersten Liebe, so bietet es sich an, Liebeslieder zu singen oder zu hören. Vielleicht gibt es aber auch eine ganz spezielle Melodie, an die sich eine Teilnehmerin in diesem Zusammenhang erinnert.

(2) Im Handel und in Bibliotheken findet man Kassetten mit bestimmten Geräuschen. Durch das Pfeifen und Zischen einer Dampflokomotive oder den Schrei von Möwen können längst vergangene Situation ebenso lebendig werden, wie durch die Stimmen berühmter Politiker oder Künstler. Vielleicht möchte die Gruppe eigene Geräusche zur Untermalung einer Szene oder eines Thema produzieren.

## 9. AUSFLÜGE

Ausflüge bieten besonders Menschen, die nicht mehr oft außer Haus kommen, gute Gelegenheiten, sich an Vergangenes zu erinnern – und Veränderungen zur Kenntnis zu nehmen. Beispiele:

(1) Man besucht die Orte, über die während der Treffen gesprochen wurde: Kaffeehäuser, Würstchenbuden, Markthallen, Kinos, populäre Ausflugsorte.

(2) Wo möglich, kehrt man gemeinsam zu den Stätten der Vergangenheit zurück: zu den Straßen, Schulen, Parks und früheren Wohnhäusern. Die Teilnehmer und Teilnehmerinnen schildern sich gegenseitig die mit diesen Orten verknüpften Erinnerungen.

(3) Heimatmuseen präsentieren oft Gegenstände des täglichen Lebens, die den alten Menschen noch vertraut sind. Manchmal sind Wohnstuben und Küchen nach altem Modell aufgebaut. In einigen Museen darf man einen Teil der Ausstellungsobjekte berühren. Das macht mehr Spaß und spricht die Sinne weit intensiver an, als wenn die Gegenstände nur in Vitrinen zu betrachten sind. Vielleicht interessieren sich auch die Museumsmitarbeiter für das, was die alten Menschen berichten.

## 10. Tätigkeiten aus dem früheren Arbeitsleben

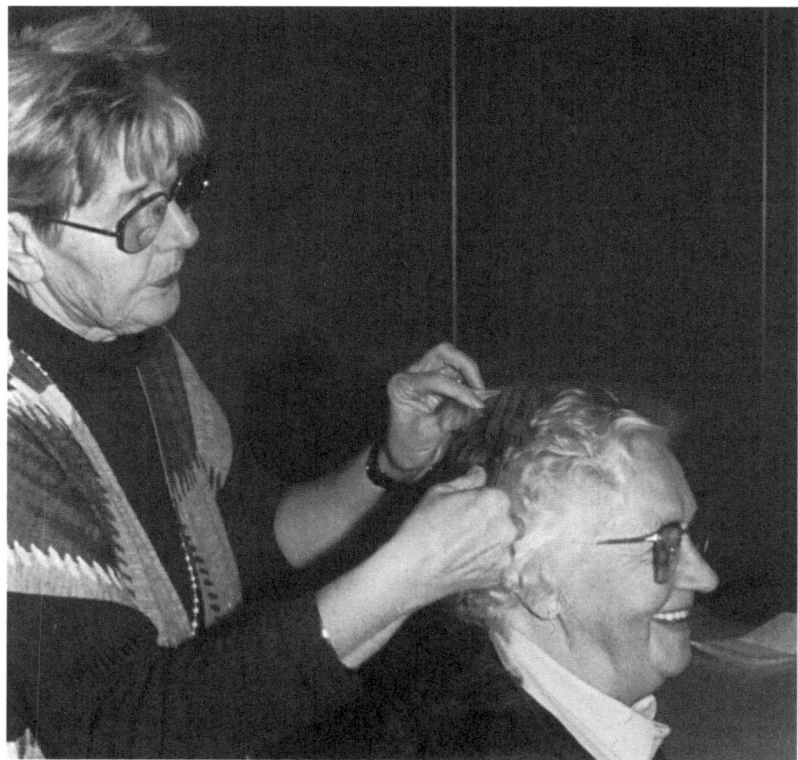

Erinnerungen kehren zurück, wenn man altvertraute Arbeiten in ihren einzelnen Bewegungsabläufen nachvollzieht. Mit Verwunderung mögen die alten Menschen dann feststellen, daß sie bestimmte Handgriffe und Techniken über Jahrzehnte nicht verlernt haben – das gilt insbesondere für verwirrte Menschen, die sich über Worte nur noch sehr beschränkt mitzuteilen vermögen und die vielen Alltagsverrichtungen oft nicht mehr gewachsen scheinen.

(1) Alte Menschen, die in Heimen leben und auf umfangreiche Hilfe bei der Alltagsbewältigung angewiesen sind, werden lange nicht mehr Wäsche von Hand gewaschen oder ihre Schuhe geputzt haben. Mit derartigen Tätigkeiten lassen sich stark verwirrte Teilnehmerinnen und Teilnehmer gern einbeziehen. Aber auch alle anderen werden sich mit Vergnügen an diesen Arbeiten beteiligen.

(2) Besonders die älteren Frauen helfen gern beim Kochen und Backen, vor allem dann, wenn sie als Heimbewohnerinnen hierzu kaum noch Gelegenheit haben. Sie finden sich leicht wieder in die Bewegungen und schlagen Eier auf, kneten Teig oder schälen und reiben Kartoffeln. Oder aber die Teilnehmerinnen geben Anweisungen, damit nach ihren alten Rezepten Gerichte zubereitet werden können. Am Ende serviert und verzehrt man gemeinsam die fertigen Speisen.[12]

(3) Es gibt noch eine Reihe praktischer Tätigkeiten, die auch sehr alte Leute ausführen können, weil sie einst Teil ihres alltäglichen Lebens waren. So kann man sich gemeinsam an die Gartenarbeit, ans Tischlern und Nähen machen. Vielleicht ergeben sich auch Möglichkeiten, Tiere zu betreuen.

---

[12] Sehr präzise Anleitungen zum Backen mit Gruppen hilfsbedürftiger alter Menschen gibt Sperling, Werner: Backen. Hannover 1994.

## 11. STICHWORTE GEBEN UND FRAGEN STELLEN

Will man jemanden dazu bringen, seine Erinnerungen zu schildern, so liegt es nahe, ihm die entsprechenden Stichworte zu liefern. Hierzu bedarf es einer Fragetechnik, die dem Gedächtnis auf die Sprünge hilft und den alten Menschen nicht ein Gefühl des Versagens vermittelt, falls ihnen einmal nichts einfällt. Damit sich die richtigen Fragen und die passenden Stichworte einstellen, sollte man sich mit den Themenbereichen und dem zeitgeschichtlichen Hintergrund vertraut machen. Ein Basiswissen verschaffen alltags- und sozialwissenschaftliche Darstellungen sowie Lebensberichte und autobiographische Veröffentlichungen. Auch filmische und fotografische Dokumentationen geben Eindruck in die einstigen Lebensumstände der Teilnehmerinnen und Teilnehmer. Und natürlich liefern die Gespräche mit den alten Menschen eine Fülle von Anregungen und Informationen. Im Laufe der Zeit stellt sich so ein Gefühl für Schlüsselbegriffe und Formulierungen ein, die den Zugang zu den Erinnerungen öffnen. Hat sich eine bestimmte Vorgehensweise oder sprachliche Wendung besonders bewährt, sollte man sie sich notieren.

Die richtigen Stichworte zur rechten Zeit zu liefern bedeutet auch, das Gruppengespräch zu moderieren und schwächeren Teilnehmern ab und an zu soufflieren, damit die Worte, die ihnen schon auf der Zunge liegen (oder am Herzen) auch den anderen mitgeteilt werden können. Ein jeder sollte zu Wort kommen und erleben, daß seine Erinnerungen interessierte Zuhörer finden.

12. TEXTE (VOR-)LESEN

Originalzitate aus Lebensberichten oder zeitgenössische Verlautbarung führen mitten ins Thema und eine bestimmte Epoche. Sie können lebhafte Zustimmung, Widerspruch und hitzige Debatten hervorrufen, wenn sie gut gewählt sind.
Auch alte Formulare, Zeitungsannoncen und Zeitschriften sind ein guter Einstieg. Für Teilnehmer mit Sehbehinderungen sollte man entsprechende Vergrößerungen herstellen oder Leselupen bereithalten.

13. EINLADUNG ZUM RUNDGANG

Erinnerungen an bestimmte Örtlichkeiten werden wach, wenn man sie sich vor sein inneres Auge holt und sich dann noch vorstellt, man führe dort Besuch herum. So kann sich ein Teilnehmer etwa an die Küche, die Wohnung oder die Straße seiner Jugend erinnern und sie den anderen so beschreiben, als veranstalte er eine Besichtigungstour. Wenn möglich, sollten die Beteiligten dabei wirklich im Raum hin und her gehen.

## 14. GESCHICHTEN ERZÄHLEN

Statt sich nur auf die Tatsachen zu beschränken, können Teilnehmer und Teilnehmerinnen aus dem Schatz ihrer Erinnerungen auch eine Phantasiegeschichte entwickeln. Die Leiterin beginnt mit einer Erzählung und die älteren Menschen spinnen den Faden weiter. Bei dieser Gruppenarbeit steuert entweder jede/-r der Reihe nach einen Aspekt bei, oder es fährt immer derjenige mit der Erzählung fort, dem gerade etwas einfällt. Die alten Menschen sollen versuchen, Dinge einzubauen, die sich tatsächlich zugetragen haben. Es lohnt sich meist, die so fabulierte Geschichte aufzuschreiben und am Ende vorzulesen.

## 15. REZITIEREN

Was wir in der Jugend auswendig gelernt haben, behalten wir länger als die Fähigkeit, Neues zu formulieren. Die alten Menschen sollten daher immer wieder Gelegenheit finden, auf diese Wissensbestände zurückzugreifen. Über den Schatz an (vielstrophigen) Gedichten und Liedern, an Kinderreimen, Sprichwörtern und Redewendungen, die sie noch im Gedächtnis haben, werden sich die Teilnehmer und Teilnehmerinnen wundern und freuen.

## 16. FÜHLEN, RIECHEN, SCHMECKEN

Alles, was man berühren, schmecken oder riechen kann, verleiht den Gesprächen in der Gruppe eine weitere Dimension. In die entsprechenden Erinnerungskoffer gehören also auch: Nahrungsmittel, Gewürze, Textilien, Objekte aus der Natur, intensiv riechende Haushaltsreiniger und Kosmetika. Die alten Menschen berühren die Exponate, beschnuppern oder kosten sie und berichten dann, welche Erinnerungen in ihnen aufsteigen. Im Herbst kann man ein paar Kastanien in ihrer stachligen Hülle mitbringen und sie einem eher inaktiven und gebrechlichen Gruppenmitglied in die Hand geben. Dann erzählt man ihm/ihr, wie glatt, braun und glänzend die Schale ist, zeigt ihm/ihr, wie genau die Kastanie in ihr stachliges Haus paßt, wie weich das Innere ist und wie die Stacheln piksen. Man kann von den Kindern berichten (lassen), die jetzt Kastanien sammeln und damit basteln. Welche Erinnerungen steigen wohl bei den Zuhörern auf?

## 17. BILDER BETRACHTEN

Natürlich eignen sich auch Bilder hervorragend, die Erinnerungstätigkeit anzuregen. Man kann alte Zeitschriften, Illustrationen in Büchern, Landkarten und Postkarten einsetzen, sollte aber immer damit rechnen, daß einzelne nicht gut sehen. Schön ist es, wenn die Teilnehmer eigene Fotos mitbringen. Manchmal ist der Einsatz von Diaprojektoren sinnvoll.

## 18. SCHREIBEN

Viele Erinnerungen lassen sich schriftlich festhalten. Vielleicht legt die Gruppe eine Sammlung kurzer Gedichte oder Merksprüche an, will Rezepte sammeln oder kleine Begebenheiten aufschreiben. Die Texte können in ein Theaterstück einfließen oder in ein „Lebensbuch". Auch für eine Ausstellung sind Kommentare zu verfassen. Teilnehmer, die nicht selbst schreiben können, sollten Gelegenheit haben, anderen zu diktieren. Manch eine Gruppe ist zur „Schreibwerkstatt" geworden und hat ein eigenes kleines Buch verfaßt.[13]

---

[13] Siehe hierzu Schalk, Gisela: Schreiben befreit. Bonn 1986.

# Teil III: Themenvorschläge

1. FAMILIENLEBEN

2. HAUSARBEIT UND FRAUENROLLE

3. KINDERSPIELE

4. SCHULZEIT

5. DIE NACHBARSCHAFT

6. FEIERN UND FESTTAGE

7. AUSFLÜGE

8. MODE

9. AUSGEHEN

10. DAS ARBEITSLEBEN

11. VERLIEBT, VERLOBT, VERHEIRATET

## 1. FAMILIENLEBEN

Beginnt man neu mit einer Gruppe zu arbeiten, sollten Themen gewählt werden, die nicht zu persönliche Erinnerungen hervorrufen. Es kann vielleicht darüber gesprochen werden, welche Räume, Tätigkeiten und Speisen es in den Kindertagen gab. Bald spürt man, ob die Teilnehmer auch über ihre Eltern und Geschwister sprechen möchten. Nicht ein jeder ist in einer intakten Kleinfamilie aufgewachsen. In vielen Familien lebten neben den eigenen Eltern auch noch andere Erwachsene und mancher, der heute in einem Heim lebt, hat seine Kindheit schon in einer Einrichtung zugebracht.

**Mein Zuhause** – Reihum fragen

Die Gruppenleitung bittet jeden Teilnehmer und jede Teilnehmerin, die Frage zu beantworten: „Welches Zuhause hatten Sie als Kind?" und fragt dann weiter: „Welche Personen gehörten zur Familie?" So ergibt sich ein erster Eindruck vom familiären Hintergrund der Gruppe.

**Familienfotos** – Bilder betrachten

Bitten Sie die Gruppe, alte Familienbilder mitzubringen und sie den anderen zu zeigen. Manche Teilnehmer brauchen vielleicht Hilfe, damit sie es nicht vergessen oder die Fotos finden. Hier sind die Betreuungskräfte oder die Angehörigen einzubeziehen.

**Badetag** – Einen Text vorlesen

Bei nachfolgender Textstelle kommt man schnell ins Gespräch, weil die alten Menschen gern berichten, ob sie ähnliche Erfahrungen gemacht haben.

> „Freitag abend war Badetag. Wir waren zu Hause fünf Jungen und zwei Mädchen und alle mußten im selben Wasser in einer Zinkwanne baden. Es waren immer ein paar von uns gleichzeitig drin. Wir wurden ordentlich mit Kernseife abgeschrubbt. Ich weiß noch, wie die Mutter die Ohren rangenommen hat. Damit das Wasser warm blieb, mußte man dauernd mit einem Eimer heißes Wasser nachschütten und das kalte herausschöpfen."

**Mein Stammbaum** – Malen

Ein Stammbaum kann helfen, sich seine Familie zu vergegenwärtigen. In das abgebildete Schema (auf DIN A3 vergrößert) können die einzelnen Personen eingetragen werden. Am besten fängt jeder bei sich selbst an und verfolgt dann die Ahnenreihe, soweit die Namen präsent sind. Helfen Sie, wenn die alten Menschen Unterstützung brauchen. Dabei läßt sich gut über die Familien sprechen und über die mit einzelnen Personen verbundenen Gefühle. Findet die Gruppe Spaß an dieser Arbeit, kann der Stammbaum durch gezeichnete Portraits oder kopierte Fotos illustriert werden. Zu einzelnen Familienmitgliedern können auch Kommentare geschrieben werden.[14]

---

[12] Eine Anleitung zu Gestaltung eines Stammbaums findet sich in Zacker, Christina: Anleitung zur Ahnenforschung. Augsburg 1994.

**Ein Lebensbuch** – Schreiben

Der Stammbaum kann der Beginn eines „Lebensbuches" sein. In einen Sammelordner schreiben die Teilnehmer ihre Lebensgeschichte und erinnern damit sich und andere an die wichtigen Ereignisse in ihrer Biographie. Wer nicht mehr selbst schreiben kann, wird von der Gruppenleitung unterstützt.

**Das lebende (Familien-)Bild** – Rollenspiel

Eine Teilnehmerin stellt aus dem Gedächtnis ein Foto ihrer Familie nach. Die anderen Gruppenmitglieder lassen sich von ihr so lange in Positur stellen oder setzen, bis sie in ihren Augen die Angehörigen verkörpern. Jedem Mitwirkenden wird gesagt, wen er darstellt, welche Haltung er einzunehmen hat, wie er gekleidet ist, welches der passende Gesichtsausdruck ist und was er gegebenenfalls sagt. Mit einer Sofortbildkamera kann die denkwürdige Szene festgehalten werden. Lassen Sie mehrere Teilnehmer solch ein lebendes Familienbild stellen und helfen Sie, wo nötig.

**Mein Zuhause** – Einladung zum Rundgang

Ein Gruppenmitglied führt ein anderes durch das Haus seiner Kindheit. Bei der Haustür geht es los. Es wird erklärt, wo die einzelnen Räume liegen und welche Möbel in jedem Zimmer zu finden sind. Gab es ein Obergeschoß, so gilt es auch dieses zu begehen. Es wird geschildert, welche Personen oder welche Tätigkeiten zu jedem Zimmer gehören. Durch das Erklären und gleichzeitige Herumgehen kehren die Erinnerungen sehr plastisch zurück. Anspruchs- und eindrucksvoller wird die Führung noch, wenn auch die für das Haus oder einzelne Zimmer typischen Gerüche und Geräusche in die Beschreibung einfließen.

**Mein Zuhause** – Malen

Erinnerungen an Zuhause werden wach, wenn man einen rohen Grundriß der Räume zeichnet und aufschreibt, was sich in jedem Zimmer befand: Welche Einrichtung, welche Tapeten, und Vorhänge. „Welche Familienmitglieder waren meist wo zu finden? (Zum Beispiel „Mutter war gewöhnlich in der Küche"). Auch das Umfeld kann einbezogen werden: Der Garten, der Hof, die Wiese hinter dem Haus, wo die Wäsche getrocknet wurde oder die Kinder spielten. Wenn Teilnehmer nicht in der Lage sind, selbständig zu arbeiten, lassen Sie sich die Einzelheiten beschreiben und führen Sie die Zeichnung aus. Es mögen dabei so alte Begriffe wie Vertiko, Ottomane und Waschtisch fallen, die wiederum bei den Zuhörerinnen und Zuhörern Assoziationen auslösen.

**Anstandsregeln** – Eine Liste aufstellen

Tragen Sie mit der Gruppe die Standardäußerungen zusammen, mit denen Mütter oder Väter gutes Betragen anzumahnen pflegten und notieren Sie alles gut sichtbar auf einem großen Bogen Papier oder einer Tafel. Genannt werden könnte etwa: Hast du dich auch hinter den Ohren gewaschen? Wer den Teller nicht leer ißt, bekommt keinen Nachtisch. Sitz gerade! Hast Du auch Danke (guten Tag) gesagt? Hände aus den Taschen!

**Am Familientisch** – Stichworte geben

Die Rituale und Gewohnheiten, die es in jeder Familie bei den Mahlzeiten gab, sind meist von großem Interesse für die Gruppe. Durch entsprechendes Nachfragen werden sie in Erinnerung gerufen:

- Wo hat die Familie gegessen?
- Wer war normalerweise bei den Mahlzeiten anwesend?
- Hatte jeder seinen festen Platz?
- Welches Geschirr stand auf dem Tisch?
- Wer war zuständig fürs Kochen, Auftragen, Abräumen und Abwaschen?
- Wurde bei Tisch gebetet?
- Wer hat das große Wort geführt, wer sagte kaum etwas?
- Worum drehten sich die Tischgespräche?
- Wurde auf Manieren geachtet oder gab es sonstige Regeln (Es wird gegessen, was auf den Tisch kommt.)?
- Wurde jemand beim Essen bevorzugt (mit besonderen Leckereien, dem größten Stück Fleisch)?
- Was änderte sich, wenn Besuch mit am Tisch saß?

**Szenen am Familientisch** – Rollenspiel

Greifen Sie Bemerkungen aus der vorhergegangenen Diskussion auf und entwickeln Sie daraus ein kleines Rollenspiel. Je nach Gruppengröße setzen sich alle oder einige der alten Menschen um einen Tisch und spielen eine Familie, die zusammen ißt. Jede/-r sucht sich aus, wen sie oder er darstellen möchte. Die Rollen können aber auch zugewiesen werden, wenn so das Gespräch eher in Gang kommt.Typische Rollen sind: die geschäftige Mutter, die nörgelnde Großmutter, der strenge Vater, zwei oder drei (zappelnde, müde, trotzige, streitende, brave) Kinder. Entweder überlegt sich jeder, was er sagen will oder greift auf, was aus der Gruppe vorgeschlagen wird.

**Gerichte aus Kindertagen** – Eine Liste aufstellen

Eine vergnügliche Angelegenheit ist es, sich an Speisen aus der Kindheit zu erinnern. Vielerlei Gespräche und Aktivitäten lassen sich hieraus entwickeln. An welches Gericht erinnern sich die alten Menschen besonders gut? Welche Lieblingsspeisen gab es? Vielleicht entsteht so eine ganze Liste von Gerichten Speisen, die es heute kaum noch gibt. Stichworte wie Kommißbrot, Arme Ritter, Brotsuppe werden bestimmt bereitwillig aufgegriffen. Sicher werden auch regionale Begriffe und landestypische Gerichte genannt und erläutert. Gab es besondere Speisen an den unterschiedlichen Wochentagen und Festen?

**Die Namen der Speisen** – Fühlen, riechen, schmecken

Bei Menschen, die nicht mehr selbst kochen, rufen eine Handvoll ungewaschener Kartoffeln, ein Bund Karotten mit Grün, ein paar rohe Bratwürste oder ein Stück Hefe intensive Erinnerungen hervor. Bringen Sie exotische Früchte, außereuropäisches Gemüse oder fremdländischen Fisch mit, wenn bei den Gruppenmitgliedern entsprechende Erfahrungen vorhanden sind. Teilnehmer, die kaum noch sprechen, hantieren gern mit den Lebensmitteln, riechen daran, kosten vielleicht ein wenig, schälen das Gemüse und schneiden es klein. Sind in der Gruppe Menschen, die in unterschiedlichen Gegenden aufgewachsen sind, kann man gemeinsam herausfinden, welche Bezeichnungen sie für die Nahrungsmittel kennen. Lassen Sie sich die Namen in den jeweiligen Muttersprachen oder Dialekten nennen und sprechen Sie dann darüber, wie die verschiedenen Dinge zubereitet werden.
Ähnlich kann man auch mit Backwaren verfahren. Brotsorten, Brötchen, Kuchen und Kekse werden wahrscheinlich mit einer Vielzahl von Ausdrucken belegt sein, selbst wenn die Teilnehmer alle aus Deutschland stammen.

**„Was ich so gerne wieder mal essen würde...“** – Reihum fragen

Man kann das Gespräch beginnen, indem man einen (imaginären) Teller von Hand zu Hand reichen läßt. Jeder Teilnehmer beschreibt, was er sich auf seinen Teller wünscht. Finden die Treffen in einer Einrichtung statt, in der die alten Menschen mit Mahlzeiten versorgt werden, läßt sich sicherlich mit der Küche arrangieren, daß der Speiseplan zu besonderen Anlässen oder mit einiger Regelmäßigkeit diese Wünsche berücksichtigt.

**Kochrezepte** – Schreiben

Gespräche über das Essen können darauf hinauslaufen, daß sich die Gruppe an die Zubereitung einzelner Speisen erinnert und eine ganze Rezeptsammlung entsteht. Vielleicht wird daraus sogar eine kleine Broschüre, die sich verschenken oder verkaufen läßt. Die Rezepte könnten unter den Oberbegriffen „Lieblingsspeisen aus Kindertagen", „Gerichte zu besonderen Anlässen" oder „Als Schmalhans Küchenmeister war" gesammelt werden.

**Ernährung in Notzeiten** – Eine Liste aufstellen

Die meisten alten Menschen haben Zeiten des Hungers hinter sich. Manche werden als Kinder noch die Ernährungsprobleme am Ende des Ersten Weltkrieges bewußt erlebt haben, und vielleicht Erinnerungen an das Stichwort „Kohlrübenwinter" (1916/17) knüpfen. Mit der Inflation (1922/23) stiegen die Preise für Lebensmittel täglich. So fingen die Frauen am Zahltag ihre Männer an den Werkstoren ab, und rannten mit der Lohntüte in der Hand in die Geschäfte, um möglichst vor dem nächsten Preisanstieg den Wocheneinkauf für die Familie zu tätigen. Alle werden sich auch an die Nahrungsmittelknappheit Ende des Zweiten Weltkriegs und in der Nachkriegszeit erinnern. Lassen Sie sich berichten, wie die Menschen über die Runden kamen, indem sie etwa Kartoffelschalen rösteten, aus Gerste Malzkaffee brannten, Leberwurst aus Mehlbrei mit Majoran herstellten und von Steckrüben und bläulicher Magermilch lebten. Wer von den alten Frauen in der Gruppe ist wohl damals nicht „organisieren" gegangen, um hungrige Mäuler zu stopfen? Von welchen Speisen hat man in diesen Notzeiten mit knurrendem Magen geräumt: von süßer Milchsuppe, fetter Blutwurst oder frischem Brot mit ganz dick „guter Butter"? Hiermit läßt sich wahrscheinlich eine zweite Liste füllen.

**Kochen**

Viel Spaß macht es, gemeinsam die Gerichte zu kochen, die in den Erzählungen aufgetaucht sind. Verwirrte Gruppenmitglieder können durch so vertraute Beschäftigungen wie Teig rühren, Obst klein schneiden, Sahne schlagen oder Gemüse putzen einbezogen werden. Die Zutaten lassen sich ausgiebig betasten, es darf geschnuppert und probiert werden. Beim Kochen tauscht man sich über die einzelnen Nahrungsmittel, die alten Küchengeräte und die Kochmethoden aus. Oft ist es wichtiger, daß alle beim Kochen mitmachen können, als daß tatsächlich ein gelungenes Endprodukt zustande kommt. Statt zu kochen, kann man natürlich auch nach alten Rezepten backen.

**Essen gehen** – Ein Ausflug

Wenn die Gruppenmitglieder Spaß am Thema Essen finden, sollte man versuchen, Geschäfte, Imbißstuben oder Gaststätten im nahen Umkreis ausfindig machen, in denen die Speisen, um die die Erinnerungen kreisen, serviert werden. Vielleicht gibt es eine Bratwurst an der Imbißbude, Speckkuchen oder ein Fischbrötchen auf die Hand.

**Erziehung in der Familie** – Stichworte geben

Alte Menschen neigen mitunter zu der Einschätzung, daß die Kinder heute ein leichtes Leben führten. Es lohnt sich, dies ausführlicher zu erörtern. Was durften die Kinder früher, was war verboten? Innerhalb einer Gruppe gibt es sicher sehr unterschiedliche Erfahrungen.
In mancher Beziehung sind den Kindern heute engere Grenzen gesetzt, in anderer haben sie mehr Freiheiten. Zum Beispiel war es Mädchen früher kaum erlaubt, spät nach Hause zu kommen. Doch wurde viel mehr und ohne Aufsicht draußen gespielt, weil es noch nicht so viel Verkehr gab.

**Alte Menschen und Großeltern** – Stichworte geben

Was wissen die Teilnehmer noch von ihren Großeltern oder anderen alten Menschen aus ihrer Kindheit? Welche Veränderungen haben sich ergeben? Vielleicht sehen die Teilnehmer/-innen die Vergangenheit durch eine rosa Brille und glauben, den alten Menschen sei es früher besser gegangen. Fragen Sie nach den Renten und der medizinischen Versorgung. Welche Hilfsdienste gab es und wie wohnten die Älteren?

**Naschkatzen** – Fühlen, riechen, schmecken

Reichen Sie eine Tüte herum, die mit Süßigkeiten aus den Kindertagen der Teilnehmer gefüllt ist. Zum Beispiel: Lakritzeschnecken, Pfefferminzkissen, Veilchenpastillen, Himbeer-, Karamel- oder Malzbonbons. Dabei erzählt ein jeder, was er als Kind am liebsten genascht hat.

**Musikalischer Ausklang**

Die Gruppe schlägt zum Abschluß ein Kinderlied vor, das alle gemeinsam singen. Vielleicht gibt es ganz spezielle Erinnerungen an Melodien, die Mutter, Vater oder Großeltern einst vorsangen.

## 2. HAUSARBEIT UND FRAUENROLLE

Beim Thema Hausarbeit erinnern sich vor allem die alten Damen gern und lebhaft an die Aufgaben, die sie jetzt nicht mehr erledigen müssen oder können. Meist sind sie noch heute stolz darauf, welch gute Hausfrauen sie gewesen sind und daß sie auch in schlechten Zeiten ihre Familie zu versorgen wußten. Es bietet sich an, über die körperlichen Anstrengungen zu sprechen, die den Frauen im Haushalt früher abverlangt wurden.Wie haben sich die Rollen von Mann und Frau gewandelt? Thema wird auch sein, daß die Kinder – vor allem die Mädchen – oft schon früh große Verantwortung in den Familien übernehmen mußten.

Am meisten hat sich wahrscheinlich das Wäsche waschen verändert. Als noch kein heißes Wasser aus der Leitung kam und Waschmaschinen unbekannt waren, brauchte man einen ganzen Tag und mehr, um die Wäsche einer Familie zu waschen. Raum sollte auch den Erinnerungen von Menschen gegeben werden, die ganz spezifische Erfahrungen gemacht haben – sei es, weil sie besonders reich oder besonders arm waren oder in einer ganz anderen Kultur aufwuchsen.[15]

**Hausarbeit** – Eine Liste aufstellen

Es werden alle Hausarbeiten aufgezählt, die früher anfielen. Welche Geräte standen zur Verfügung? Wie wurden die Tätigkeiten im einzelnen ausgeführt? Wer war für welche Aufgaben zuständig? Ein paar Stichworte:

- Wasser holen
- Wäsche waschen
- den Boden schrubben
- Teppiche klopfen
- Holz und Kohlen holen
- Feuer machen
- Möbel polieren
- Silber putzen
- Schuhe flicken
- Betten ausschütteln
- Zeitungspapier als Toilettenpapier zuschneiden

**Putzmittel** – Gegenstände herumreichen und betrachten

Lassen Sie eine Auswahl an Reinigungsutensilien reihum gehen. Vieles hat sich über die Jahre kaum verändert und kann heute noch in jedem Haushalt gefunden werden, manches bekommt man noch in traditionellen Haushaltswarengeschäften oder im Gebrauchtwarenhandel.

Beispiele: hölzerner Schrubber, Scheuerlappen und Blecheimer, Wurzelbürste, Waschbrett, hölzerne Wäschezangen und Schmierseife, Bohnerbürsten und Bohnerwachs, Staubtuch, Silberputztuch, Scheuersand, Wäschesack und Rolltuch, Schuhwichse, Essig und Zeitungspapier zum Fensterputzen.

Die Gegenstände wandern von Hand zu Hand und es wird berichtet, wofür jedes Teil benutzt wurde, wie man es handhabe und was sonst noch für die jeweiligen Arbeiten erforderlich war.

---

[15] Hilfreiche Hintergrundinformationen über die Arbeitsbedingungen der Hausfrauen unterschiedlicher sozialer Schichten liefert z.B. Jacobeit, Sigrid/Jacobeit, Wolfgang: Illustrierte Alltags- und Sozialgeschichte Deutschlands 1900 – 1945. Münster 1995, S. 216ff.

**Hausarbeit** – Pantomime/Rollenspiel

Tun Sie so, als ob sie den Boden fegten oder schrubbten und lassen Sie Ihre Tätigkeit deuten. Daraus läßt sich ein Spiel entwickeln: Jede/-r imitiert eine Hausarbeit und die anderen müssen sie erraten. Wenn jedes Beispiel nur einmal vorkommen darf, ist es etwas schwieriger. Fördern Sie, wenn nötig, die Phantasie der Teilnehmer, indem Sie pantomimisch Vorschläge machen: Wäsche auswringen, eine Mangel drehen, bügeln, Gläser polieren, beim Putzen auf die Schuhe spucken, Holz hacken, einen Eimer Wasser holen, ein Feuer entzünden, eine Nadel einfädeln.

**Waschtag** – Stichworte geben

Folgende Fragen helfen den Teilnehmerinnen, sich an möglichst viele Einzelheiten des Waschtags zu erinnern:

- An welchem Wochentag wurde gewaschen?
- Um wieviel Uhr begann die Arbeit?
- Gab es fließendes Wasser oder mußte es geholt werden?
- Wie wurde das Wasser erhitzt?
- Welches Waschmittel wurde benutzt?
- Wie wurde die Wäsche gespült, gebleicht, gestärkt?
- Wo wurde die Wäsche getrocknet?
- Wie wurde gebügelt? Wie sahen die Bügeleisen aus? Wie wurden sie erhitzt?
- Wie oft wechselte man die Wäsche, bezog man die Betten?
- Welche Familie brachte die Wäsche außer Haus oder beschäftigte eine Waschfrau?

## Waschtag – Rollenspiel

Mit ein paar Requisiten und ein bißchen Phantasie können alle Arbeiten nachgespielt werden, die es am Waschtag zu erledigen galt. Bitten Sie die Gruppe um Unterstützung und Anleitung, damit alle Tätigkeiten möglichst realistisch ausgeführt werden. Das Spiel sollte um die Charaktere angereichert werden, die bereits in den Erinnerungen der Teilnehmer aufgetaucht sind: Etwa die überarbeitete Mutter, das Kind, das zum Spielen raus will, aber helfen muß, das kranke Geschwisterchen, das bei der Arbeit zuschaut, die Nachbarinnen, die miteinander schwatzen, während sie die Wäsche waschen und aufhängen.

## Arbeitsteilung im Haushalt – Stichworte geben

Wer übernahm im Haushalt welche Aufgaben? Diese Frage kann Ausgangspunkt eines langen Gesprächs über die Gebräuche in den einzelnen Familien sein. Manche Teilnehmerinnen werden mit Dienstboten groß geworden sein, andere selbst als Hausangestellte gearbeitet haben.

Welche Aufgaben mußten die Kinder im Haushalt übernehmen und was dachten sie darüber? Wie haben sich die Rollen der Männer und Jungen im Haushalt gewandelt?

## Haushaltsutensilien

Führt man mit den entsprechenden Hilfsmitteln die altvertrauten Bewegungen aus, so können sich sehr intensive Erinnerungen einstellen, ohne daß viel dabei gesprochen wird: Mit einem Tuch in der einen und einem Waschbrett in der anderen Hand führt eine Teilnehmerin vor, wie die Wäsche gerieben wurde.

Mit dem Wäschesprenger wird die Bügelwäsche befeuchtet. An einem alten Bügeleisen wird demonstriert, wie es erhitzt wurde und wie man die Temperatur prüfte.

So wird alles noch realistischer: Die Teilnehmerinnen und Teilnehmer waschen gemeinsam Wäsche. Wenn sie nicht mehr an einem Waschbecken stehen können, werden Schüsseln mit warmer Seifenlauge und etwas Wäsche vor sie auf den Tisch gestellt. Die alten Menschen sollen das warme Wasser fühlen und die Seifenlauge riechen, die Wäsche eintauchen, sie im Wasser rubbeln und auswringen.

Bringen Sie Bett- oder Tischwäsche von zu Hause mit und lassen Sie sich beim Legen zur Hand gehen. Man steht sich gegenüber, hält das Tuch an den Zipfeln, schüttelt es gemeinsam aus und faltet es nach und nach zusammen.

Bringen Sie Silberbesteck und Silberputzzeug zum Polieren mit. Es gibt noch viele andere Hausarbeiten, die man gemeinsam erledigen kann: Staub wischen, Möbel polieren, Schuhe putzen, Socken stopfen.

Lassen Sie die Teilnehmer das schwere Gewicht eines alten Bügeleisens heben, die gewellte Oberfläche des Waschbrettes mit der Hand entlang gleiten, mit den Fingern im warmen Seifenwasser plätschern, die Borsten einer Scheuerbürste streicheln. Bringen Sie Kernseife mit und Möbelpolitur, Bohnerwachs und Schuhcreme, Mottenkugeln und Terpentin, Lavendel und Karbol, damit die alten Menschen daran schnuppern können und die Gedanken mitteilen, die jetzt in ihnen aufsteigen.

**Der Geruch, den ich noch in der Nase habe...** – Stichworte geben

Allein mit Hilfe der Phantasie lassen sich bestimmte Düfte in die Erinnerung zurückrufen. Nennen Sie einen charakteristischen Geruch, der mit der Hausarbeit zu tun hat und warten Sie ab, ob die Teilnehmer ihn sich „herbei schnuppern" können. Passende Beispiele sind: heißes Spülwasser, frisch gebohnerter Boden, Wäsche, die an der Sonne getrocknet wurde – sicher fällt den alten Menschen noch viel mehr ein.

### Einladung zum Rundgang in der ehemaligen Küche

Eine Teilnehmerin beschreibt die Küche, die Speisekammer oder die Waschküche ihrer Kindertage so, als führe sie einen Gast darin herum. Das Erinnern fällt leichter, wenn man dabei tatsächlich herumlaufen oder sich zumindest in die eine oder andere Richtung wenden kann. Helfen Sie mit Stichworten nach.

Lassen Sie sich den Raum, die Möbel, die einzelnen Schränke schildern und alle Geräte vorzeigen, die für die Hausarbeit wichtig waren. Wer befindet sich im Zimmer und womit beschäftigt er sich gerade?

### Die Küche – Malen

Die Teilnehmer zeichnen den Raum, in dem gekocht wurde. Auf das Bild gehören: der Herd, der Spülstein, die Arbeitsplatte, auf der das Essen zubereitet wurde, der Platz, an dem die Vorräte aufbewahrt wurden, und der Eßtisch.

Man kann auch den Ort und die Gegenstände zeichnen, die zum Waschtag gehörten, also vielleicht den Waschzuber, den großen gemauerten Waschkessel, den Ausguß, die Mangel, Wäscheleinen (innen und außen), Waschkörbe und Bügelbrett.

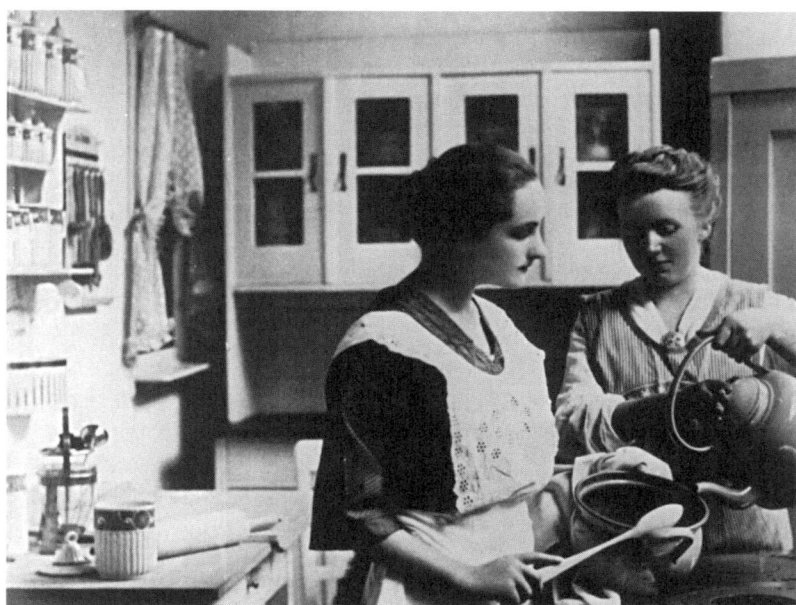

**Großreinemachen** – Rollenspiel

Viele der alten Menschen werden sich ans Großreinemachen entsinnen, bei dem regelmäßig der ganze Haushalt auf den Kopf gestellt wurde. In so großem Stil wurde beim Frühjahrsputz oder vor großen Festtagen, etwa einer Hochzeit oder vor Weihnachten, sauber gemacht. Lassen Sie berichten, was es alles zu tun gab und welche Stimmung dabei im Haus herrschte. Daraus läßt sich ein Rollenspiel entwickeln: Etwa eine Szene, in der die Familienmitglieder einander in die Haare geraten oder sich mit großer Begeisterung in den Trubel stürzen.

**Zeitgenössisches Ambiente** – Museumsbesuch

Vielleicht gibt es in Ihrer Nähe in einem Heimatmuseum oder einem ehemaligen Herrenhaus eine nach altem Modell aufgebaute Küche mitsamt den unterschiedlichen Haushaltsgeräten. Normalerweise darf man in solchen Ausstellungsräumen nichts anfassen, manchmal aber gibt es Exponate, die auch in die Hand genommen werden können. Versuchen Sie, dies vorher herauszufinden.

**Handarbeiten und ausbessern**

Nähen, Stopfen und Flicken, Stricken, Häkeln und Sticken sind Tätigkeiten, an die sich die meisten Frauen nur zu gut erinnern. Bringen Sie entsprechende Handarbeitsgeräte mit. Ein Stopfpilz und ein Spiel Stricknadeln, ein Stickrahmen und ein Fingerhut können Ausgangspunkte langer und sachkundiger Gespräche sein. Die Teilnehmerinnen können selbst ein bißchen handarbeiten. Entweder strickt oder häkelt jede für sich oder man nimmt gemeinsam etwas in Angriff – je nachdem, wie geschickt die alten Damen sind, könnten sie einen Tischläufer zusammen besticken oder aus vielen einzelnen Teilen eine Decke stricken. Vielleicht sind in der Gruppe auch Teilnehmer/-innen, die ganz spezielle Techniken beherrschen, wie Klöppeln oder Flechten und dies den anderen vorführen möchten.

**Als Flicken noch adelte** – Einen Text vorlesen

Bis in die 50er Jahre zählte das Ausbessern und Flicken der Wäsche und die Wiederverwendung getragener und schadhafter Kleidung zu den zentralen – wenn auch oft ungeliebten – Aufgaben der Hausfrau. Besonders dramatisch war die Versorgungslage am Ende des Zweiten Weltkriegs und in der Nachkriegszeit. Ein wichtiges Anliegen des Handarbeitsunterrichts der Mädchen war die Vermittlung von Flicktechniken. In Zeitschriften und Flick-Ratgebern wurde versucht, den

Hausfrauen diese mühselige Tätigkeit als besonders lohnend darzustellen – sei es für den eigenen Geldbeutel oder zum Wohle des Vaterlandes. – Zwei Textbeispiele:

> „Das Flicken ist eine Kunst, wenn auch nur eine stille, bescheidene Kleinkunst, und wohl der Frau, die es versteht, es als Kunst anzusehen und auszuüben. Denn jede Arbeit ist geadelt, sobald sie gut, gewissenhaft und mit Verständnis ausgeführt wird, und jede Arbeit wird zur Lust, die Nutzen schafft und dem Einzelnen sowie der Gesamtheit Vorteil bringt..."[16]

> „Glaub nicht, daß ich so kleinlich bin!
> Ich hab' nur wirtschaftlichen Sinn.
> Baumwolle kostet uns Devisen,
> Streck jeder sie, sonst wird man's büßen!
> 's kommt alles, Hemd und Hos' und Frack,
> doch viel zu früh zum Lumpensack!
> Biet' darum willig Hirn und Hand
> Wie hier zum Dienst am Vaterland!"[17]

**Mangelwirtschaft** – Eine Liste aufstellen

Überlegen Sie mit den Teilnehmerinnen, welche Reparaturarbeiten anfielen und an welche damit verbundenen Techniken sie sich erinnern. Zum Beispiel: Maschenstopfen, Gitterstopfen und andere Stopftechniken, Anstricken von neuen Spitzen oder Fersen an Socken, Füßlinge annähen, aus Männerunterhosen Babystrampelhosen nähen, alte Pullover aufribbeln und die Wolle neu verstricken, aus Militärdecken Mäntel nähen und Kinderkleider anstückeln.

In besser gestellten Familien konnten die Hausfrauen diese Arbeit an die „Mamsell" oder die „Störnäherin" delegieren, die zu diesen Tätigkeiten ins Haus kam. Vielleicht hat die eine oder andere Teilnehmerin auch zum Überleben der eigenen Familie beigetragen, indem sie für andere Leute Näharbeit übernahm.

An diese Gespräche kann sich eine „Flickstunde" anschließen, in der man sich gegenseitig die einzelnen Techniken vorführt.

Die alten Männer werden Reparaturarbeiten anderer Art im Gedächtnis haben: Das notdürftige Besohlen von Schuhen mit Reifenstücken, die abenteuerlichen Ofenkonstruktionen und die Fahrräder, die ohne Schläuche gebrauchsfertig gemacht wurden.

---

[16] Um 1919, zitiert nach: Junker, Almut/Stille, Eva: Zur Geschichte der Unterwäsche. Frankfurt 1988, S. 320.

[17] 1942, zitiert nach: ebd. S. 331.

**Gartenarbeit**

Viele ältere Menschen haben früher im Garten gearbeitet oder ihren Balkon bepflanzt. Für manch eine Familie trugen die Erträge des Hausgartens (manchmal auch des einst mit Rosen geschmückten Vorgartens) wesentlich zur Ernährung und gar zum Überleben in schlechten Zeiten bei. In der Kriegs- und Nachkriegszeit experimentierten vor allem die Männer damit, Tabak im eigenen Garten anzubauen. Ratschläge, wie die Marke „Eigenbau" rauchbar zu machen war, bestimmten viele Gespräche über den Gartenzaun.

Hat man Zugang zu einem Garten oder besorgt große Pflanzkübel, können die Teilnehmer gemeinsam Zwiebeln setzen, Samen aussäen, Blumen, Gemüse oder Kräuter einpflanzen. Beraten Sie sich mit den alten Menschen, wie die einzelnen Tätigkeiten durchzuführen sind und lassen Sie möglichst alle mitarbeiten. Für Gruppenmitglieder mit körperlichen Einschränkungen stellt man die Pflanzkübel so, daß ein Bücken vermieden wird. Manche Alteneinrichtungen verfügen über Hochbeete oder lassen sich bewegen, diese anzulegen. Organisiert man einen Besuch in einem Gartencenter, einer Kleingartenanlage oder einer Pflanzenausstellung, läßt sich gemeinsam notwendiges Pflanzmaterial beschaffen und die Gruppe gewinnt Anregungen für die praktische Arbeit.

**Zurück in die Gegenwart** – Stichworte geben

Beziehen Sie sich auf einige der Dinge, die in der Gruppe besprochen wurden, und fragen Sie, wie die Hausarbeit heute erledigt wird. Einiges mag sich grundlegend geändert haben, anderes fast gleich geblieben sein. Wann hielten die elektrischen Haushaltsgeräte Einzug? Wie sahen der erste Staubsauger, die erste Waschmaschine oder das erste elektrische Bügeleisen aus, mit denen die Teilnehmerinnen sich die Arbeit erleichtern konnten? Wann begann man auf einem Gas- oder Elektroherd zu kochen? Wann wurde endlich eine Wohnung mit Zentralheizung bezogen?

**Spare in der Zeit, dann hast du in der Not** – Schreiben

Kritik wird möglicherweise an der heute üblichen Verschwendung im Umgang mit Nahrungsmitteln, Wäsche und Energie angemeldet. Die Rückbesinnung auf den sparsamen Umgang mit Ressourcen ist inzwischen wieder zeitgemäß. Vielleicht möchten die Teilnehmerinnen und Teilnehmer ihr Wissen und ihre Methoden der sparsamen Haushaltsführung aufschreiben und zu einem kleinen Ratgeber zusammenstellen, der an Kinder und Enkelkinder oder jüngere Betreuer weitergegeben werden kann.

## Musikalischer Ausklang

Mit dem Lied „Zeigt her eure Füße, ..." läßt sich das Thema Hausarbeit bestens zum Abschluß bringen: Es werden nicht nur die unterschiedlichen Tätigkeiten des Waschens besungen, sondern man kann beim Singen auch die entsprechenden Bewegungen ausführen.

### 3. KINDERSPIELE

Fast ein jeder ältere Mensch erinnert sich gerne an die Spiele, die er oder sie als Kind gespielt hat. Viele dieser Spiele finden sich mit leichten Abwandlungen überall auf der Welt. Erinnerungen an Kinderspiele sind oft mit viel Gelächter verbunden und man fängt an herumzualbern. Vielleicht fürchtet der eine oder die andere, sich lächerlich zu machen – die meisten aber werden gern wieder einmal die alten Spiele ausprobieren. Bei diesem Thema bietet es sich natürlich an, ein Treffen mit einer Kindergruppe zu arrangieren.

Im Gespräch kann es sich herausstellen, daß einige Teilnehmer kaum die Möglichkeit hatten, richtig zu spielen, weil sie von frühester Kindheit an mitarbeiten mußten.

**Spielsachen** – Gegenstände herumreichen und betrachten

Bringen Sie ein Springseil, einen Gummiball, ein paar Stück weißer
Kreide, eine Stoffpuppe, einen Kreisel, Murmeln, ein hölzernes Jojo,
ein Kartenspiel, eine Strickliesel oder ähnliches mit. Die Teilnehmer
suchen sich einen Gegenstand aus und erzählen, welche Erinnerungen in ihnen wach werden.

**Spiele** – Himmel und Hölle

Malen Sie ohne Kommentar mit Kreide Kästchen auf den Boden
und hüpfen Sie auf und ab. Sie können aber auch ein paar Mal durch
ein Seil springen. Dann fragen Sie die Teilnehmer, welche Kinderspiele ihnen dabei eingefallen sind.

**Spielregeln** – Gegenstände herumreichen und betrachten

Die Teilnehmer zeigen und erklären an unterschiedlichen Gegenständen, wie damit gespielt wurde. Möglichst viele Einzelheiten sollten genannt werden:

- Welche Regeln gab es?
- Was spielte man bei welchen Gelegenheiten?
- Mit wem wurde welches Spiel gespielt?
- Wo fanden sich geeignete Spielplätze?

Auch wenn die Teilnehmer die Spiele nicht mehr so gut ausführen
können, sollten sie doch einen Versuch wagen: Noch einmal Seil
springen, eine Murmel durch den Raum rollen, ein Pack Karten mischen, durch die Kreidekästchen hüpfen oder gehen, den Ball werfen
und in die Hände klatschen. Viele verschiedenen Spielregeln werden
zusammen kommen. So können die Kreidekästchen bei „Himmel
und Hölle" auf ganz unterschiedliche Weise gezeichnet werden und
„Räuber und Gendarm" wird unter vielen verschiedenen Namen
gespielt worden sein. Jede/-r erläutert die ihr oder ihm vertrauten
Regeln und macht die einzelnen Spielschritte vor. Dann werden die
Varianten miteinander verglichen.

## Kinderreime

Zum Seilspringen, Verstecken und vielen anderen Spielen gehören die Reime. Schreiben Sie die Reime auf und vergleichen Sie sie mit dem, was die Kinder heute singen. Viele Reime sind in Mundart. Teilnehmer, die Deutsch nicht als Muttersprache gelernt haben, steuern vielleicht Reime in fremden Sprachen bei.

Lassen Sie von zwei Personen ein langes Seil quer durch den Raum halten und schwingen – schon stellen sich die Erinnerungen ein, zum Beispiel:

Teddybär, Teddybär, mach dich krumm
Teddybär, Teddybär, dreh dich um
Teddybär, Teddybär, zeig dein Schuh
Teddybär, Teddybär, wie alt bist Du
Teddybär, Teddybär, bau ein Haus
Teddybär, Teddybär, spring hinaus.

Es gibt viele Möglichkeiten des Seilspringens: allein, zu zweit, in Gruppen und alle haben ihre Reime.

Welche Abzählreime kennen die Teilnehmer?

- „Ene dene Dotz..."
- „Ich und du, Müllers Kuh..."
- „Eins, zwei drei vier Eckstein, alles muß versteckt sein..."

Andere populäre Kinderreime waren:

- „Eine kleine Dickmadam, fuhr mal mit der Eisenbahn" und
- „Ri ra rutsch, wir fahren mit der Kutsch" – den alten Menschen wird noch vieles einfallen.

## Kinderspiele in Versen

Eine Reihe von Spielen lassen sich auch gut mit Menschen spielen, die nicht mehr so beweglich sind. An die Verse, die dazu aufgesagt werden mußten, werden sich viele erinnern. Beispiele:

- „Taler, Taler, du mußt wandern..."
- „Kaiser, wie viel Schritte darf ich gehen?"
- „Wollt ihr wissen, wollt ihr wissen,wie's die kleinen Mädchen machen..."
- „Dreht euch nicht um,der Plumpsack geht rum,..."

**Puppenstube** – Gegenstände herumreichen und betrachten

Bauen Sie auf einem Tisch eine Puppenstube auf – es genügen auch schon einzelne Puppenmöbel. Die Teilnehmerinnen ordnen die Möbel nach ihren Vorstellungen, betrachten die einzelnen Teile und berichten, welche Erinnerungen sich einstellen. Längst nicht alle werden ein solch großartiges Spielzeug besessen haben. Wie haben sie sich beholfen, mit welchen Gegenständen haben sie Puppenmöbel improvisiert? Gab es einen Großvater oder größeren Bruder, der ihnen eine Puppenstube bastelte?

Ähnlich läßt sich mit dem Thema „Kaufladen" verfahren, und die älteren Herren werden sicher von einer Handvoll Zinnsoldaten oder einem alten Baukasten zum Erzählen angeregt.[18] Wenn es in Ihrer Nähe ein Spielzeug- oder Puppenmuseum gibt, läßt sich vielleicht ein Ausflug dorthin organisieren.

---

[18] Interessante Informationen zur Entwicklung der Baukästen liefert z.B. Noschka, Annette/Knerr, Günter: Bauklötze staunen. 200 Jahre Geschichte der Baukästen. München 1986.

## Mit Puppen spielen

Geben Sie den Teilnehmerinnen eine Puppe in den Arm, damit sie sie betrachten und wiegen, sie streicheln, ausziehen und in eine Decke wickeln. Sprechen Sie die Einzelnen an, während sie sich mit der Puppe beschäftigen. Mit dieser Übung kann man besonders Menschen anregen, die sich verbal nicht mehr ausdrücken können. Teilnehmer, die sich gut mitteilen können, erzählen von ihrer Lieblingspuppe (oder ihrem Lieblingskuscheltier): Wie sah sie aus? Zu welcher Gelegenheit bekam man sie geschenkt? Was wurde mit ihr gespielt? Was ist aus dem Lieblingspüppchen, dem Lieblingskuscheltier geworden? Wurde es an jüngere Geschwister weitergegeben, ging es bei einem Umzug verloren? Wurde es von einem gefühllosen Erwachsenen fortgeworfen, als es kaputtgespielt war? Wer erinnert sich an den Gang zum Puppendoktor, wo abgerissene Puppenbeine und zerbrochene Köpfchen auf wundersame Weise wieder „geheilt" wurden?

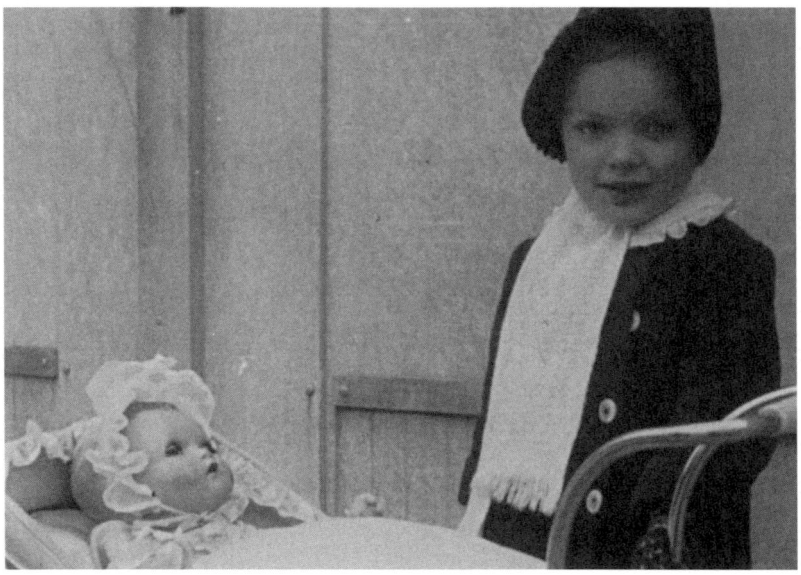

**Der Puppe einen Namen geben** – Umfrage in der Gruppe

Wenn alle Gelegenheit hatten, sich mit der Puppe zu beschäftigen, reichen Sie die Puppe noch einmal herum und fragen Sie, welchen Namen die Puppe haben soll. Selbst Menschen, die kaum noch sprechen, antworten hier vielleicht.

## Die Spieleliste

Lassen Sie sich auf große Blätter die Spiele diktieren, an die sich die Teilnehmer/-innen erinnern. Alle werden erstaunt sein festzustellen, wie viele Spiele sie noch im Gedächtnis haben. Die Gruppenleitung kann Spiele der eigenen Kindheit und die Spiele, die heute gespielt werden, beisteuern. Gibt es regional abweichende Bezeichnungen und Varianten, sollten sie auch notiert werden. Ist die Liste fertig, tauscht man sich über die Einzelheiten aus: Waren es Sommer- oder Winterspiele? Wurden sie drinnen oder draußen gespielt? Von Jungen oder Mädchen? Sind sie heute noch „in"?
Man kann die Liste auch von Anfang an nach solchen Kriterien aufstellen.

## Brettspiele – Organisation eines Spielenachmittags

Welche Brettspiele wurden früher gespielt? Die meisten werden Halma, Fang den Hut, Mensch ärgere dich nicht, Domino, und Floh hüpfen, Mühle und Dame nennen. Vielleicht kennt jemand aber auch Ausgefalleneres oder Spiele aus anderen Ländern? Nun könnte ein Spielenachmittag organisiert werden. Die gängigen Spiele kann man sich leicht beschaffen; manchmal bekommt man auch noch Spiele in alter Aufmachung. Ist die Gruppe auf den Geschmack gekommen, kann man auch versuchen, sie mit neuen Spielen vertraut zu machen und vielleicht selbst die notwendigen Materialien zusammenstellen.[19]

## Kartenspiele

Finden Sie heraus, ob die Teilnehmer früher gern Karten gespielt haben und welche Spiele das waren. Fragen Sie, wann Karten gespielt wurde und mit wem – vielleicht auf Zugfahrten, in Verstecken, am Lagerfeuer. Bei Interesse kann ein Nachmittag mit Kartenspielen organisiert werden.

## Kinderfreundschaften – Stichworte geben

Beim Thema Spielen werden schnell Erinnerungen an Kinderfreundschaften wach, an Busenfreundinnen und beste Kumpels, an Streitereien und Banden. Spielten die Mädchen und Jungen für sich oder gab es gemischte Spiele? Was spielte man mit Geschwistern?
Wo setzten die Eltern Grenzen, welche Regeln gaben sich die Kinder selbst? Was weiß man noch von den Eltern der anderen Kinder?

---

[19] Hinweise zu „Spielen im Alter" liefert: Fachdienst Spiel 2, 1995, S. 2–33.

## Selbstgemachtes Spielzeug

Ein Textbeispiel zur Einstimmung:

> „Meine Eltern verdienten viel Geld, aber sie verwöhnten uns nie.
> Damals gab es Puppen schon mit echten Haaren und Zöpfen. Wir
> hätten sie uns kaufen können, aber meine Mutter strickte oder
> häkelte lieber, nahm eine Nuß, flocht sie ein, band die Fäden oben
> und unten zu, schnitt sie oben auf. Dann sah es aus wie ein kleines
> Geschöpf mit einem Wuschelkopf. Die Wolle ging auseinander –
> und es entstand ein Kleid. Rote Augen, die Nase, das Mündchen.
> Das war unsere Puppe. Sie sah aus wie eine kleine Prinzessin. (...)
> Die Puppen waren unverwüstlich. Man konnte sie mit ins Wasser
> nehmen."[20]

Spielzeug wurde oft selbst hergestellt: Puppen aus Stoffresten und
Wäscheklammern, Springseile aus Bindfadenresten, kleine Holzfahr-
zeuge und hölzerne Karren, die groß genug waren, um darin zu sitzen. Drachen wurden aus Seidenpapier und Holzleisten gebastelt. Es
gab Spielzeuge aus Stöcken, Steinen und Kastanien, und man lieh sich
Gegenstände im Haushalt aus: Teller und Schüsseln, Garnrollen und
Mutters Knopfkiste. Bringen Sie in Erfahrung, was die Teilnehmer
selbst gebastelt haben und wie sie damit gespielt haben. Wenn die
Gruppe Lust dazu hat, kann man die entsprechenden Materialien besorgen und einen Bastelnachmittag veranstalten. Praktische Anleitungen finden sich im Buchhandel.

---

[20] Franz, Philomena: Zwischen Liebe und Haß. Ein Zigeunerleben. Freiburg
1992, S. 30 – 3.

91

**Kinderszenen** – Rollenspiel

Kommen Rollenspiele gut in der Gruppe an, läßt sich aus den vorangegangenen Gesprächen eine kurze und vergnügliche Szene entwickeln. Vielleicht möchten die Teilnehmer/-innen in die Rolle streitender Kinder oder schimpfender Eltern schlüpfen. Bitten Sie einige Gruppenmitglieder, szenisch darzustellen, was andere berichtet haben. Wenn den alten Menschen ein Herumlaufen nicht möglich ist, kann man sich auf die Dialoge beschränken. Die übrigen Teilnehmer liefern Stichworte und Ideen.

**Erinnern mit Kindern** – Begegnung von Alt und Jung

Laden Sie eine kleine Gruppe von Kindern ein – vielleicht von der benachbarten Grundschule oder Enkelkinder der Teilnehmer/-innen. Die alten Menschen erzählen den Kindern, was sie früher spielten und demonstrieren ein paar der Spiele. Junge wie alte Menschen können auf diese Weise feststellen, was sich gewandelt hat und was auch nicht. Gemeinsam Spielzeug zu basteln, wie im vorigen Abschnitt beschrieben, kann zu einer gelungenen Aktion werden und es lassen sich auf vergnügliche Weise Kontakte zwischen den Generationen knüpfen.

**Kindern beim Spielen zusehen** – Ein Ausflug

Machen Sie mit der Gruppe einen Ausflug zu einem Spielplatz oder einem Schulhof, um Kindern beim Spielen zuzuschauen. Besprechen Sie die Ähnlichkeiten und die Unterschiede zwischen dem, was man bei den Kindern beobachten kann und den Spielen, an die sich die alten Menschen aus ihrer Jugend erinnern.

**Eine Kindergeschichte erzählen**

Fangen Sie ungefähr so an:
„An einem Sommertag vor 60 Jahren waren zwei Schwestern auf der Straße vor ihrem Haus und wußten nicht, was sie anfangen sollten. Da kam die Freundin von nebenan und hatte ein Stück Schnur dabei...". Jetzt macht die Gruppe Vorschläge, wie es weitergehen soll. Bitten Sie der Reihe nach jede/-n um eine Idee oder einen Satz, um die Geschichte fortzuspinnen.
Wenn es gut läuft, kann die Geschichte aufgeschrieben werden.

**Als ich Kind war** – Reihum fragen

Die Gruppenmitglieder versuchen, das spielende Kind, das sie einmal waren, vor das innere Auge zu holen und kurz darüber zu berichten:

■ Was spielt es?

■ Wo spielt es – (drinnen oder draußen)?

■ Wie ist das Kind gekleidet?

■ Wer spielt mit?

**Lieblingsspiele** – Reihum fragen

Gehen Sie von einem zum anderen und bitten Sie jeden, den Satz zu vollenden: „Ich habe mich besonders gern daran erinnert, daß ich …". Man holt die Gruppe wieder zurück in die Gegenwart, wenn man hinzufügen läßt: „Heutzutage macht es mir besonders viel Spaß, wenn ich…".

**Kinderlieder** – Musikalischer Ausklang

Singen Sie gemeinsam ein Kinderlied, das die Gruppe vorschlägt.

## 4. SCHULZEIT

Das Schulleben war immer von den gesellschaftlichen und politischen Entwicklungen geprägt. Nur einige Aspekte seien im folgenden kurz angesprochen. Es wird von der Gruppensituation und -zusammensetzung abhängen, wie intensiv auf die zeitgeschichtlichen Dimensionen eingegangen werden kann. Lange verhinderten Schulgeld und die Notwendigkeit, teure Schulbücher zu kaufen, daß begabte Kinder aus ärmeren Familien weiterführende Schulen besuchten. Bis weit in die 50er Jahre noch galt ohnehin, daß eher bei den Söhnen in die Ausbildung investiert wurde als bei den Mädchen, die „sowieso heiraten würden" – hier hatte die Entwicklung hausfraulicher Fähigkeiten Vorrang. Beliebt sind in den Gruppen immer Gespräche über die Strafen, die besonders strenge oder gar sadistische Lehrer austeilten, aber auch die Streiche, die man ihnen spielte. Hier lassen sich gut Vergleiche anstellen zwischen den Erziehungsstilen unterschiedlicher Lehrerpersönlichkeiten, aber auch unterschiedlicher Epochen.

Für Teilnehmer, die in den 20er und frühen 30er Jahren geboren wurden, sind die Schulerfahrungen durch den Nationalsozialismus geprägt. Der „Deutsche Gruß" wurde eingeführt, Lehrer, die nicht systemkonform waren, verschwanden von einem auf den anderen Tag aus dem Unterricht, jüdische Mitschülerinnen und Mitschüler wurden erst im Klassenverband ausgegrenzt, später der Schule verwiesen und verschwanden schließlich ganz – sei es, weil sie zu den wenigen gehörten, denen noch die Emigration glückte, sei es, weil sie deportiert wurden.

Für die Großstadtkinder dieser Generation (und ihre Eltern) war die Kinderlandverschickung eine ganz zentrale Erfahrung. Um vor den Bombardierungen der Großstädte geschützt zu sein, wurden von 1940 bis 1945 fünf Millionen Kinder in Deutschland mit ihren Lehrern „verschickt". Die Erfahrungen gehen hier weit auseinander. Es gab Kinder, die das Ganze als ein aufregendes Abenteuer erlebten, ein großer Teil jedoch litt unter Heimweh und dem militärischen Drill der nationalsozialistischen Jugendorganisationen. Hinzu kam die Sorge um das Leben der Angehörigen.[21]

Das Thema „Schule" bietet den alten Menschen viele Möglichkeiten zu zeigen, was sie aus dieser Zeit noch wissen:

Welche Gedichte haben sie behalten?

Wie sah der Stundenplan aus? Wer kann das kleine und das große Einmaleins herunterschnurren?

Wer schreibt etwas in „Sütterlin"-Schrift vor?

Welche Merksätze und Eselsbrücken haben sie noch parat?[22]

---

[21] Sehr differenzierte Informationen zur Kinderlandverschickung liefert Larass, Claus: Der Zug der Kinder. München 1983.

**Musikalische Einstimmung**

Das Treffen beginnt mit einem für die damalige Schulzeit typischen
Lied – vielleicht einem Kirchenlied oder Wanderlied. Kommen aus
der Gruppe keine Vorschläge, können Sie ein Lied vorschlagen, das
zur Jahreszeit paßt.

**Wo ich zur Schule gegangen bin** – Reihum fragen

Jeder Teilnehmer nennt den Namen und den Ort der Schule (oder der
Schulen), die er besucht hat. Schreiben Sie für jedermann lesbar alles
auf eine Tafel oder ein großes Blatt.

**Schulsachen** – Gegenstände herumreichen und betrachten

Reichen Sie eine kleine Sammlung von Schulutensilien herum: Einen
alten Ranzen, einen Griffelkasten, Tafel und Schwämmchen, eine
Feder mit Federhalter, Sammelbildchen und ein paar Murmeln. Die
alten Menschen berichten, welche Erinnerungen dabei in ihnen wach-
gerufen werden.

---

22 Im Rahmen eines Projektes, das vom Bundesministerium für Senioren
und Frauen gefördert wurde, haben ältere Menschen Schulgeschichten
aufgeschrieben, die Anregungen für Gruppendiskussionen bieten können.
Eine Auswahl findet sich in Verband Altenkultur (Hrsg.): Schulzeit.
Senioren erinnern sich. Leipzig 1996.

**Das war meine Schulzeit** – Stichworte geben

Mit folgenden Fragen können Erinnerungen an die Schulzeit angeregt werden:

- Wie sah die Schule von außen aus (vielleicht ist jemand in der Gruppe, der Unterricht unter freiem Himmel hatte)?
- Beschreiben Sie die Möbel im Klassenzimmer.
- Gab es eine Aula oder eine Turnhalle, und wie sahen sie aus?
- Welche Fächer wurden unterrichtet?
- Was waren die Lieblingsfächer?
- Um wieviel Uhr fing die Schule an, wann war sie aus?
- Gab es eine Schulspeisung?
- Was konnte man in den Pausen spielen?
- An welche Lehrer gibt es noch Erinnerungen?

**Was ist wohl in dem Ranzen drin?** – Reihum fragen

Ein Teilnehmer nach dem anderen nennt einen Gegenstand, den er im Ranzen (oder im „Tornister") in die Schule mitgenommen haben könnte. Zum Beispiel:

- ein Pausenbrot
- ein paar Pfennige für Süßigkeiten
- Bleistift und Federhalter
- Hefte
- ein Federmäppchen
- ein „Schund"-Heftchen
- Zigarettenbildchen
- Bücher
- ein Poesiealbum

Vielleicht werden auch ein paar witzige Dinge genannt, die die anderen zum Lachen bringen. Dann wiederholt ein jeder, was die anderen gesagt haben, bevor er seinen Gegenstand anfügt – ein wenig Unterstützung durch die Gruppe oder die Leiterin ist bei dieser Gedächtnisübung erlaubt.

Beginnen Sie mit dem Satz: „Ich habe in meinen Schulranzen geguckt und fand dort...".

**Lieblingslehrer** – Reihum fragen

Jede/-r schildert ihren/seinen Lieblingslehrer oder die Lieblingslehrerin. In einer zweiten Runde kommt der unbeliebteste Lehrer/die unbeliebteste Lehrerin dran.

**Sich Ärger einhandeln** – Rollenspiel

Kommt die Rede auf Schulstreiche und Strafen, kann man zu einem kurzen Rollenspiel überleiten. Machen Sie den Anfang: Sie sind die strenge Lehrerin, die einen Schüler ausschimpft, weil er abgeschrieben hat, weil er zu spät gekommen ist oder im Unterricht schwätzt. Dann lassen Sie jemand aus der Gruppe in der Rolle des trotzigen oder zerknirschten Schülers antworten. Die übrigen Teilnehmer machen Vorschläge, wie sich die Lehrerin verhält und was der Schüler antworten könnte.

Vielleicht bekommen die Teilnehmer jetzt Lust, auch andere Schulszenen zu spielen.

**Gedichte, Lieder und Reime** – Stichworte geben

Selbst alte Menschen, die sehr vergeßlich geworden sind, erinnern sich an Gedichte, Lieder und Reime, die sie einmal auswendig gelernt haben. Fragen Sie, wer ein Gedicht aus seiner Schulzeit vortragen möchte. Bleibt er dabei stecken (und auch die anderen wissen nicht weiter), so bieten Sie an, bis zum nächsten Mal den Text zu besorgen. Wahrscheinlich werden die vielstrophigen Balladen genannt, auf deren Erlernen früher großer Wert gelegt wurde.
Die Gruppenleitung könnte als Anreiz auch die Anfangszeile der einen oder anderen bekannten Ballade vorsagen und so die Teilnehmer ermuntern, weiter zu deklamieren. Gut geeignet sind sicher „Der Erlkönig", „Die Glocke" und „Die Lorelei".
Fangen Sie an mit „einmal eins ist eins, zweimal zwei ist vier...." und warten Sie ab, ob jemand weitermachen will. Es wird den Teilnehmern und Teilnehmerinnen wahrscheinlich Spaß machen zu beweisen, daß sie besser Kopfrechnen können als die Gruppenleitung.

**Schönschrift**

In welcher Schrift haben die Teilnehmer schreiben gelernt und wie wurden sie im Schreiben unterwiesen? Vielleicht wollen einige Teilnehmer Ihnen die „Deutsche Schrift" (Sütterlin) vorschreiben. Bringen Sie ausreichend Bleistifte, Federhalter, Papier und Löschblätter sowie ein Tintenfaß mit.

**Haltung einnehmen** – Rollenspiel

Welche Haltung hatten die Kinder in der Schule einzunehmen? Wo lagen die Hände während des Unterrichts? Wie meldete man sich? Wer kann vormachen, wie die Schüler stehen mußten, wenn der Lehrer die Klasse betrat? Sehr spontan werden die meisten Teilnehmerinnen und Teilnehmer mit ihrer Körpersprache auf diese Fragen antworten und im Anschluß ergeben sich bestimmt Diskussionen über das Für und Wider des häufig damit verbundenen Drills.

**Unser Klassenzimmer** – Stichworte geben und Malen

Lassen Sie sich das Klassenzimmer beschreiben: Wie sahen die Tische und Bänke, die Schulpulte aus? Wie waren sie angeordnet? Wo war der Platz des Lehrers? Wie war die Sitzordnung der Schüler? Wie wurde das Klassenzimmer geheizt? Was war an den Wänden? Jeder Teilnehmer zeichnet „sein" Klassenzimmer oder aber die Gruppe malt ein gemeinsames Bild.

**Schule heute** – Ein Ausflug

Organisieren Sie den Besuch in einer Schule, damit die alten Menschen Vergleiche zwischen früher und heute anstellen können. Eine Grundschule in der Nachbarschaft ist möglicherweise sogar interessiert daran, die Erinnerungen der alten Leute für eine eigene Projektarbeit zu nutzen. Und die Älteren werden neugierig sein, wie es heutzutage in einem Klassenraum zugeht und nur zu bereitwillig Fragen nach der eigenen Schulzeit beantworten.

In manchen Heimatmuseen sind alte Klassenzimmer aufgebaut. Ein Ausflug – im Idealfall gemeinsam mit den Kindern der Schule, die man bereits besucht hat – versetzt die alten Menschen in die Position, sehr anschaulich von ihren Schulerfahrungen zu erzählen.

**Was Schüler und Schülerinnen trugen** – Bilder betrachten und malen

Sammeln Sie alte und neue Fotografien von Schulkindern und zeigen Sie die Bilder, damit die Erinnerungen an die Kleidung wach werden, die man zur Schule trug. Mußten die Mädchen Schürzen tragen? Hatten die Jungen bestimmte Mützen auf? Wie sahen die Ranzen aus? Wer erinnert sich an die tägliche Kontrolle der Fingernägel? Dann sollen die Teilnehmer sich selbst als Schulkinder zeichnen. Falls sie dazu nicht in der Lage sind, können Sie helfen oder nach ihren Anweisungen malen. Schließlich kann man gemeinsam eine Collage herstellen, indem man die einzeln gezeichneten Schüler zu einem Gruppenbild klebt. Es können sich Gespräche anschließen über Kinder, die besonders armselig gekleidet waren und jene, die aus „besseren" Familien kamen und vielleicht einen Bleyle-Anzug trugen. Vergleichen Sie mit den Teilnehmerinnen, wie Schüler in anderen Ländern gekleidet sind, wo es etwa Schuluniformen gab und wie die Kinder heute zur Schule gehen.

**Meine alte Schule** – Stadtpläne einsetzen

Wenn Sie mit Personen arbeiten, die noch in derselben Gegend leben, in der sie einst in die Schule gegangen sind, können auf einem Stadtplan die Standorte der Schulen markiert und die Schulwege eingezeichnet werden. Wenn die alten Schulen noch bestehen, sollte ein Besuch der „Ehemaligen" organisiert werden, um nachzusehen, was sich verändert hat.

**Besondere Anlässe** – Stichworte geben

Im Schulleben gab es Tage, die auf besondere Weise begangen wurden. Finden Sie diese gemeinsam heraus und lassen Sie sich berichten, wie sie gestaltet wurden. Beispiele sind: die Einschulung, der Karneval, der Tag der Zeugnisverteilung, besondere Nationalfeiertage, der Tag, an dem der Fotograf kam oder der Schulzahnarzt. Welche Erinnerungen gibt es an den Tag der Schulentlassung? Teilnehmer und Teilnehmerinnen, die während der Zeit des Nationalsozialismus zur Schule gingen, werden ihre spezifischen Erinnerungen an die NS-Propaganda im Schulleben einbringen können. Diese werden oft stärker von den Jugendorganisationen der HJ und des BdM dominiert sein als vom Schulleben selbst. In der Erinnerung verwischen sich bei vielen Menschen die Grenzen zwischen beiden.

**Kinderarbeit** – Stichworte geben

Manche Menschen hatten eine besonders harte Schulzeit, weil sie neben dem Unterricht auch noch arbeiten mußten. Sie halfen im Haushalt mit, versorgten kleine Geschwister, arbeiteten in der Landwirtschaft oder trugen auf andere Weise zum Familieneinkommen bei. Oft blieb ihnen nicht mehr viel Energie für die Schule übrig und ihre Schulkarriere mußte darunter leiden. Lassen sie die Teilnehmer hierüber berichten.

**Schulwechsel** – Stichworte geben

Erinnerungen an den ersten Tag in einer neuen Schule sind oft noch sehr lebendig. Intensive Gefühle von Angst und Neugier mögen den älteren Menschen heute noch präsent sein. Für die Generation, die gegen Ende des Zweiten Weltkriegs die Schule besuchte, gab es oft nur noch unregelmäßigen Unterricht. Aufgrund von Bombenschäden mußte auf andere Gebäude ausgewichen werden oder ganze Klassen wurden evakuiert. Jüdische Schülerinnen und Schüler wurden vom Besuch des normalen Unterrichts zunehmend ausgeschlossen. Für sie blieb nur der Wechsel auf die von der „Reichsvertretung der Juden in Deutschland" ab 1933 geschaffenen Schulen, zu deren Besuch sie oft weite Wege auf sich nehmen mußten.

Nachdem die Gruppe über die mit den Brüchen einer Schulkarriere verbundenen mehr oder weniger dramatischen Erfahrungen gesprochen hat, kann zu den Veränderungen übergeleitet werden, mit denen sich die älteren Menschen heute auseinandersetzen müssen. Beispiele wären ein bevorstehender Heimeinzug oder einschneidende Veränderungen in der Nachbarschaft.

**Die Schule verlassen** – Stichworte geben

Mit dem Schulabgang können starke Gefühle der Erleichterung oder des Bedauerns verbunden sein. Ein Großteil der alten Menschen wird nur bis zum Ende der Schulpflicht in die Schule gegangen sein. Andere hatten die Chance, weiterführende Schulen zu besuchen, zu studieren oder später im Leben noch einmal eine Ausbildung zu durchlaufen. Es bietet sich an, die damaligen Bildungschancen mit denen zu vergleichen, die den Kindern heute offenstehen.

**Was mir in der Schule am besten gefallen hat** – Reihum fragen

Jede/-r berichtet, was ihr/ihm in der Schule am besten gefallen hat und stellt eine Verbindung zu dem her, was sie/er heute noch gerne tut. Ein Beispiel wäre: „Mir hat Geschichte immer viel Spaß gemacht, und noch heute gefallen mir die historischen Stücke im Fernsehen." Oder: „Ich bin nie gern zur Schule gegangen, aber ich mochte meine Schulkameraden, und auch heute habe ich viele gute Freunde."

## 5. Nachbarschaft

Menschen, die ihr ganzes Leben in derselben Gegend verbracht haben, erinnern sich meist lebhaft daran, wie es früher dort aussah. Sie sind der Straße, in der sie ihre Kindheit verbracht haben, oft besonders eng verbunden geblieben. Viele Gruppenmitglieder werden ihre Kindheit jedoch fern vom jetzigen Wohnort verbracht haben. Die Zerstörungen des Zweiten Weltkrieges wie die vielfältigen Wiederaufbau- und Sanierungsmaßnahmen nach dem Krieg haben ein übriges getan, daß sich Kindheitserinnerungen nur noch selten an unveränderten Straßenzügen und Gebäuden festmachen lassen. Ein Indiz für die Verlustgefühle, die sich hiermit verbinden, mag die Flut von Bildbänden und Ortschroniken sein, die in den letzten Jahren entstanden ist und oft akribisch anhand alter Fotografien auch eher „unspektakuläre" Straßenzüge in ihrem Vorkriegszustand dokumentiert.

Beim Thema „meine Straße" werden die Unterschiede der Herkunft und der Lebensläufe besonders deutlich und manch einer wird vielleicht gar nichts darüber mitteilen wollen. Andere werden ohnehin nur noch über sehr unvollständige Erinnerungen verfügen, weil sie in ihrer Kindheit häufig umgezogen sind.

**Meine Nachbarschaft** – Stichworte geben

Die Teilnehmer beschreiben die Gegend, in der sie groß geworden sind. Hier ein paar Stichworte:
In welchem Land, welchem Landstrich sind Sie aufgewachsen? Haben Sie mitten in der Stadt, in einem Vorort, einem Dorf oder auf dem platten Lande gewohnt?
Wo lebte die Familie: Im eigenen Haus, auf dem Bauernhof, in einem großen Mietshaus...? Wie sah es rund ums Haus aus? Erinnern Sie sich an Wohnortwechsel in der Kindheit?

**Der Blick von der Schwelle** – Reihum fragen

Die Teilnehmerinnen und Teilnehmer stellen sich vor, sie stünden vor der Haustür ihres Elternhauses. Jetzt beschreiben sie der Gruppe in wenigen Worten, was sie erblicken konnten, wenn sie sich umsahen: Die Aussicht, die Häuser nebenan, Menschen, die in der Nähe beschäftigt sind, Straßen oder Felder.
Der Blick vom Einfamilienhaus in der idyllischen Kleinstadt wird dabei sicher ein anderer sein als von der Eingangstür im zweiten oder dritten Hinterhof einer Mietskaserne.

**Was ist auf der Straße los?** – Stichworte geben

Früher fuhren viel weniger Autos. Da aber vieles ins Haus geliefert wurde, kamen allerhand Personen die Straße entlang. Bitten Sie die Teilnehmer, sich daran zu erinnern, was auf ihrer Straße zu sehen war. Schreiben Sie alles auf eine Liste. Möglicherweise werden genannt: der Kohlenträger, der Schornsteinfeger, der Scherenschleifer, der Briefträger, der Milchmann, der Gemüsemann, der Bäckerjunge, der Straßenmusikant, der Schrotthändler, der „Sandmann" (er brachte den feinen Sand, mit dem das Besteck gereinigt wurde), der Schutzmann.

Es gab bestimmte Rufe oder Geräusche, mit denen diese Personen ihre Ankunft kundtaten. Lassen Sie die Teilnehmer Beispiele geben.

Natürlich kamen auch die Hausfrauen mit den Einkäufen, die Kinder, die zur Schule gingen, oder die Väter, die mittags zum Essen heim kamen, vorbei. Die Erinnerungen mögen stark variieren, je nachdem in welcher Gegend die Teilnehmer groß geworden sind.

Vielleicht stellen sich auch recht dramatische Erinnerungen ein: marschierende Soldaten, flüchtende Menschen, Geschrei und Schüsse.

**Typen und Charaktere** – Stichworte geben, Rollenspiel

Zur Nachbarschaft gehörten immer auch bestimmte Originale, etwa: die Klatschbase, die Streithähne oder die verschrobene Alte, vor der sich die Kinder fürchteten. Vielleicht gab es auch Orte, die man wegen seiner Bewohner mied oder die einen magisch anzogen: Die Wirtschaft an der Ecke, aus der oft Geschrei herausdrang oder das einsam gelegene Häuschen am Waldrand, dessen Bewohnerin man als „Hexe" fürchtete. Die Teilnehmerinnen werden viele Geschichten erzählen können, vielleicht sogar einzelne der Charaktere imitieren. Das wird viele lustige Aspekte haben, aber auch die Frage sozialer Ausgrenzung und unreflektierter Vorurteile aufwerfen.

**Die Nachbarskinder** – Stichworte geben

Welche Spiele wurden draußen gemeinsam gespielt?
Beispiele: Kästchen hüpfen, Murmeln spielen, Verstecken, Räuber und Gendarm (siehe auch den Abschnitt „Kinderspiele"). Gern erinnern sich ältere Menschen an die Streiche, die besonders kecke Nachbarskinder ausheckten. Sie werden heute noch über das „Klingelputzen" und anderen Unfug lachen. Vielleicht erinnern sie sich an geheime Verstecke oder an Kinder, mit denen ihnen der Umgang verboten war.
Auch damals schon organisierten sich die Jungen in mehr oder weniger harmlosen Straßenbanden. Die Ehre (oder die Mädchen) des eigenen Quartiers wurden mitunter recht kämpferisch gegen die rivalisierenden Jugendlichen des Nachbarortes oder der Nachbarstraße verteidigt.

**Der Tante-Emma-Laden** – Stichworte geben

Der Kaufmann an der Ecke oder der Krämer im Dorf waren wichtige Treffpunkte für die Nachbarinnen. Fragen Sie nach, ob es ein Geschäft gab, an das sich besondere Kindheitserinnerungen knüpfen. Es war vielleicht der Ort, zu dem man als Kind schon früh ganz allein gehen durfte. Lassen Sie sich beschreiben, wie der Laden aussah – drinnen und draußen. Wie waren die Waren angeordnet? Wer bediente dort? Was gab es zu kaufen? Wie wurden die Kunden begrüßt? Und welche Neuigkeiten konnte man dort erfahren?

**Im Kaufmannsladen** –Texte vorlesen

Nachfolgendes Zitat stammt von einer Verkäuferin. Welche Erinnerungen ruft es wohl wach?

> „Also damals ging es in so einem Laden ganz anders zu als heute. Man mußte alles ausswiegen, den Zucker, die Kartoffeln. Für die Milch brachten die Frauen die Kanne mit, für das Öl die Flasche und für den Quark eine Schüssel. Die Butter wurde von einem großen Block abgeschnitten. Bei uns in der Gegend ließen auch viele anschreiben...".

**Der Metzger und der Bäcker** – Stichworte geben

Im Metzgersladen, in der Bäckerei und in der Gemüsehandlung sah es früher anders aus als heute. Die Teilnehmer erzählen, wie es war, wenn sie als Kinder einkaufen mußten. Helfen Sie ihnen auf die Sprünge mit Fragen:

- Wer bediente die Kunden?

- Wie war die Ware angeordnet?

- Wie sahen die Schaufenster aus?

- Wie wurde die Ware gewogen und verpackt?

- Wer nahm das Geld in Empfang?

- Konnte man anschreiben lassen?

- Wie ging man dort mit Kindern um?

Ein gemeinsamer Besuch auf dem Wochenmarkt wird weitere Erinnerungen zurückbringen.

**Notzeiten** –Stichworte geben

Sicher entsinnen sich die alten Menschen an das Einkaufen unter „erschwerten" Bedingungen. Mit ein paar Fragen und Stichworten werden die Erinnerungen zurückkehren:

- Wofür gab es Kleiderkarten?

- Was gab es mit und ohne Lebensmittelmarken?

- Hamstertouren und Schwarzmarkt

- Notgeld und Inflation

- Sonderrationen und Beziehungen beim Einkaufen

- Lebensmittel „organisieren" und „Kohlenklau"

- Schlange stehen

- Raucherkontrollkarte

- Wer erinnert sich an „Otto Normalverbraucher"?

Vielleicht hat jemand aus der Gruppe diese Zeiten auch hinter dem Ladentisch kennengelernt und kann darüber berichten.

**Das Bild meiner Straße** – Malen

Es wird eine Straßenszene aus den Kindertagen gemalt. Das kann eine rasch verfertigte Skizze sein oder ein gründlich ausgearbeitetes Bild. Die Teilnehmer sollen zeichnen, was sie noch von den Häusern und der Straße im Gedächtnis haben. Dann werden die Menschen, die sich dort aufhalten, hinzugefügt. Werden die einzelnen Bilder nebeneinander aufgehängt, ergibt sich der Blick auf ein ganzes Dorf oder einen „Kietz".

Sind Teilnehmerinnen nicht (mehr) in der Lage, selbst zu zeichnen, führt die Gruppenleitung das Bild nach deren möglichst genauen Anweisungen aus und fragt nach: Wie sahen die Häuser, die Personen, die Bäume und Pflanzen aus? Je präziser die Einzelheiten gezeichnet werden, desto mehr regen sie die Erinnerung an.

**Wo wir gewohnt haben** – Landkarten und Stadtpläne einsetzen

Bringen Sie einen Stadtplan oder eine Landkarte mit. Je nach Gruppenzusammensetzung kann es eine Karte der Region, von Deutschland, von Europa oder gar eine Weltkarte sein. Dann zeigt jede/-r, an welchem Ort (oder welchen Orten) er oder sie die Kindheit verbracht hat.

Hängen Sie Fotokopien der betreffenden Kartenausschnitte aus, in denen die Wohnorte gekennzeichnet sind, auch handschriftliche Anmerkungen oder Photos können hinzugefügt werden. Wer in der Jugend umgezogen ist, kann auch dies einzeichnen. Auch wichtige Reisen können so dokumentiert werden. Vielleicht unternahm man sie auf der Suche nach Arbeit, vielleicht war es eine besondere Ferienreise oder es handelte sich um Flucht und Vertreibung. Schließlich wird der jetzige Wohnort und vielleicht auch der Treffpunkt der Gruppe eingezeichnet.

### Besuch in der alten Heimat – Ein Ausflug

Für Heimbewohner, die alle aus demselben Stadtviertel stammen, bringt ein Ausflug in das frühere Wohnquartier viele Erinnerungen zurück.

**Namenwechsel** – Stadtpläne einsetzen

Deutschland hat in diesem Jahrhundert verschiedene politische Systeme erlebt. Kaiserreich, Weimarer Republik, Nationalsozialismus, DDR und Bundesrepublik haben Einfluß auf die Bezeichnung von Straßen- und Ortsnamen gehabt. Auch Schulen und andere öffentliche Einrichtungen erfuhren politisch motivierte Umbenennungen. Sammeln Sie mit den alten Menschen die unterschiedlichen Bezeichnungen und tragen Sie sie auf entsprechend vergrößerte Stadtpläne ein. Vielfach benutzen die alten Menschen heute noch die einstigen Namen und für jüngere Betreuungskräfte oder Familienangehörige mag es interessant sein, diese Veränderungen kennenzulernen.

**Wie es bei uns mal aussah** – Bilder betrachten

Wenn mehrere Gruppenmitglieder aus demselben Dorf oder Stadtteil stammen, können sie sich gemeinsam erinnern, wie es dort einmal aussah und was sich verändert hat. Heimatkundliche Bücher mit entsprechendem Bildmaterial werden in den meisten Stadtbüchereien ausgeliehen. Mancherorts gibt es auch Nachdrucke alter Postkarten oder Heimatkalender.

Bringen Sie die Teilnehmer dazu, sich zu erinnern, welche Geschäfte es gab, wo man Kaffee trinken konnte, ob es ein Kino oder einen Tanzsaal gab und wo genau jeder wohnte. Hervorstechende Gebäude, wie etwa Gaststätten und Kirchen, haben sich oft kaum verändert. Möglicherweise wird bei diesen Schilderungen auch ein gewisser Stolz auf die Zugehörigkeit zu einem bestimmten Dorf oder einem bestimmten Stadtteil anklingen.

**Die „gute Nachbarschaft"** – Stichworte geben

Vielfach wird geklagt, daß der Zusammenhalt unter den Nachbarn früher viel besser gewesen sei als heute. Was ist daran wirklich wahr? An welche Nachbarschaftskontakte können sich die Teilnehmer entsinnen? Wer war besonders hilfsbereit oder unfreundlich? Gab es vielleicht gar richtige Nachbarschaftsfehden? Listen Sie gemeinsam auf, was einen guten und was einen schlechten Nachbarn ausmacht. Hier können recht gegensätzliche Vorstellungen herrschen. Sich gegenseitig etwas auszuleihen, mag der eine positiv, der andere negativ bewerten. Vielleicht sind die Vorstellungen vom „guten" Nachbarn auch abhängig von der Wohngegend. In den ärmeren Vierteln war man sich aufgrund der schlechteren Wohnverhältnisse notgedrungen sehr viel näher und entwickelte folglich andere Normen des Miteinanders als etwa in den „besseren" Vororten.

Wie gestaltete sich das Zusammenleben der Familien in Zeiten der Not? Überwiegt in der Erinnerung die Solidarität oder die Abgrenzung, wenn man sich die Zeiten der Massenarbeitslosigkeit oder der Bombennächte des zweiten Weltkriegs ins Gedächtnis ruft? Wie gestaltete sich nach 1945 die Aufnahme der Flüchtlinge als neue Nachbarn?

Welche Erinnerungen schließlich gibt es an die jüdischen Nachbarn? Was können und wollen die alten Menschen über deren erst schleichende und später rapide Ausgrenzung berichten?[24]

Als Brücke zur Gegenwart bietet es sich an, mit den alten Menschen zu erörtern, wie sie heute ihre Nachbarschaft erleben und pflegen. Können sie Verbindungen herstellen zwischen der – geglückten – Integration der Millionen von Vertriebenen nach dem zweiten Weltkrieg und den Migranten, die heute in Deutschland leben? Handelt es sich bei den Gruppenmitgliedern um Heimbewohnerinnen, bei denen also eine räumlich besonders enge Nachbarschaft besteht, können wichtige Fragen von Distanz und Nähe zur Sprache kommen.

---

[24] Siehe hierzu die Perspektive einer jüdischen Familie im Frankfurt des Nationalsozialismus in Senger, Valentin: Kaiserhofstraße 12. München 1978.

**Was mir an meinem heutigen Zuhause gefällt**

Bitten Sie die Teilnehmer und Teilnehmerinnen zum Abschluß, in einem Wort oder einem kurzen Satz zu benennen, was ihnen an ihrem heutigen Zuhause besonders zusagt.

**Musikalischer Ausklang**

Viele Städte und Landschaften haben ihre speziellen Melodien. Vielleicht hat jeder Teilnehmer und jede Teilnehmerin tatsächlich ein eigenes Heimatlied – es werden auf jeden Fall aus der Gruppe etliche Vorschläge kommen. Beispiele sind:

■ Ich hab noch einen Koffer in Berlin

■ Ja, in Hamburg, auf Sankt Pauli

■ Und in dem Schneegebirge

■ Innsbruck ich muß dich lassen

■ Auf der Schwäb'schen Eisenbahn

■ An der Saale hellem Strande.

Aus den bisherigen Treffen hat die Gruppenleitung bestimmt schon einen guten Überblick über die Herkunft der alten Menschen gewonnen und kann einige der passenden Lieder auf Kassette mitbringen.

## 6. Feiern und Festtage

Welche Feste haben die alten Menschen in ihrer Jugend gefeiert, welche Feiertage begangen? Aus der Erinnerung tauchen religiöse Feiertage und Familienfeiern auf, Schulfeste oder regionale Festivitäten. Es gibt Feste im Jahreslauf und es gibt den wöchentlichen Ruhetag. Jede Familie hat ihre eigenen Festtagsrituale, jede Religion andere Feiertage.

**„Mein liebster Tag im Jahr"** – Reihum fragen

Fragen Sie die Teilnehmerinnen und Teilnehmer, ob sie als Kinder einen Lieblingstag im Jahr hatten. Helfen Sie ihnen auf die Sprünge mit Vorschlägen zu kirchlichen und weltlichen Ereignissen: Heiligabend, Silvester, Konfirmation, Kommunion, Ostersonntag, Erntedank, Rosenmontag, Maifeiertag, Fronleichnam, Namenstag, Geburtstag usw.

**„Wie es an meinem Lieblingstag zuging"** – Stichworte geben

Mit entsprechendem Nachfragen kann man jeden Festtag ins Gedächtnis zurückrufen. Ist die Gruppe relativ homogen zusammengesetzt, konzentriert man sich auf einen Festtag. Alle werden dazu ihre individuellen Erfahrungen beisteuern wollen. Sind Menschen sehr unterschiedlicher Herkunft beieinander, wird über mehrere Feiertage gesprochen. In beiden Fällen passen folgende Fragen:

- Welche Vorbereitungen wurden getroffen?
- Wurde die Wohnung besonders hergerichtet, etwa extra geputzt oder geschmückt?
- Wie kleidete man sich?
- Gab es typische Speisen?
- Wann begannen die Vorbereitungen?
- Was passierte gleich früh am Morgen nach dem Aufwachen?
- Wie verlief der Tag?
- Wer kam zu Besuch?

Gibt es eine außergewöhnliche Geschichte zu dem einen oder anderen Feiertag zu erzählen?

**Ein Festtagsbild malen**

Teilen Sie Papier und Stifte aus und bitten Sie die Teilnehmer, ihre Erinnerung an ein bestimmtes Fest ihrer Kindheit zu zeichnen. Wer nicht selbst zeichnen kann, bekommt wieder Unterstützung. Die alten Menschen können auch Grußkarten zu einem anstehenden Festtag gestalten und verschicken. Statt die stereotypen Motive zu zeichnen, die man auf kommerziellen Glückwunschkarten findet, sollte aber versucht werden, ganz persönliche Erinnerungen zum Ausdruck zu bringen.

**Musikalische Assoziationen**

An welche Musikstücke können sich die Teilnehmerinnen und Teilnehmer in Zusammenhang mit dem einen oder anderen Festtag erinnern? An nationalen wie auch an kirchlichen Feiertagen werden meist ganz bestimmte Lieder gesungen, bei Volksfesten gibt es regionaltypische Musik und in vielen Familien bringt man dem Geburtstagskind ein Ständchen. Lassen Sie sich erzählen, wo die Lieder gesungen wurden, wer gesungen hat, ob es eine Instrumentalbegleitung gab.

Die Teilnehmer sollen versuchen, möglichst viele Strophen zu singen. Für das nächste Mal kann die Gruppenleitung die entsprechende Musik auf Kassette mitbringen und die vollständigen Texte besorgen. Manchmal begleiten ganz bestimmte Geräusche die Feiern: Fanfaren, Rasseln, typische Rufe, Geräusche von Tieren usw. Auch hierüber soll berichtet werden – am besten versuchen die Teilnehmer, die jeweilige Lautkulisse auch nachzumachen.

**Feste** – Stichworte geben

Viele Feste und Feierlichkeiten wurden im Freien begangen: Das Erntefest des Kleingartenvereins, der Turnertag, Kirchengemeindefeste und auch politische Veranstaltungen. In der Weimarer Republik gab es z.B. Kinderfeste der Gewerkschaften und Sozialdemokraten. Geben Sie Stichworte, damit sich die Teilnehmerinnen und Teilnehmer erinnern können:

■ Welche Vorbereitungen waren zu treffen? (Wurden etwa Möbel nach draußen getragen?)

■ Was gab es zu essen und wer besorgte es?

■ Wurde die Straße, der Garten besonders geschmückt?

■ Gab es besondere Lustbarkeiten für Kinder?

■ Welche Lieder wurden gesungen?

119

**Ein Fest feiern**

Vielleicht haben alle jetzt Lust, selbst ein Fest zu feiern. Wenn in der Gruppe Personen unterschiedlicher kultureller Herkunft oder verschiedener Religionen sind, kann man ein ganzes Jahresprogramm aufstellen und die alten Menschen, die sich mit der jeweiligen Feierlichkeit auskennen, informieren die anderen über das Vorgehen. Je nach den individuellen Möglichkeiten helfen die Teilnehmer bei der Vorbereitung: Es sind also Speisen vorzubereiten, Räumlichkeiten zu dekorieren und die übrigen Einzelheiten festzulegen. Auf diese Weise wird allen ganz praktisch die Bedeutung und der Ablauf der jeweiligen Feier nahegebracht.

**Kulturelle Bande knüpfen** – Ein Ausflug

Wenn sich in der Gruppe jemand befindet, der sich von den Traditionen seiner Jugend abgeschnitten fühlt, kann versucht werden, für ihn oder sie Kontakte zu einer entsprechenden ethnischen oder religiösen Gruppe herzustellen. Vielleicht wird dann die Teilnahme an einer vertrauten Festlichkeit ermöglicht oder es werden Besuche mit Angehörigen der betreffenden Gemeinschaft vereinbart.

**Wie die Feste fallen** – Eine Ausstellung

Religiöse Feiertage sind oft eng mit den Jahreszeiten verknüpft. Es bietet sich also an, Gegenstände zusammenzutragen und auszustellen, die für die Feste der aktuellen Jahreszeit stehen. Auf diese Weise erhält man Einblick in die Rituale unterschiedlicher Kulturen und Religionen. Dies kann ein einmaliges Projekt sein; ebenso gut aber kann man es im Jahresablauf wiederholen und so das ganze Spektrum der Feiern darstellen. Eine Ausstellung im Winter könnte folgendermaßen zusammengesetzt sein:

- (Watte-) Schneeflocken und ein paar kahle Zweige
- eine Krippe als Weihnachtssymbol
- der Chanukka-Leuchter
- Feuerwerkskörper und ein Sektglas für Sylvester
- Kreide für das in katholischen Gegenden übliche Anbringen der neuen Jahreszahl am Türstock
- Masken und Luftschlangen für den Karneval
- orientalische Süßigkeiten für das den Ramadan abschließende „Zuckerfest"

und weitere Materialien entsprechend der Zusammensetzung der Gruppe. Von den Teilnehmer/-innen werden viele Anregungen kommen; vielleicht können sie auch ein paar Ausstellungsstücke beisteuern.

**Der Tag, an dem Du ruhen sollst** – Stichworte geben

Wie wurde früher der Sonntag begangen? Welche Rituale waren einzuhalten, welche Vergnügungen gab es und was war verboten? Je nach Zusammensetzung der Gruppe wird der Ruhetag der Woche vielleicht auch der Sonnabend (Sabbat) oder der Freitag der Moslems sein.

**Einladung zum Kaffeeklatsch**

Typisch für den gutbürgerlichen deutschen Sonntag ist das Kaffeetrinken im Familienkreis. Arrangieren Sie also einmal einen richtigen Kaffeeklatsch mit den entsprechenden Zutaten: Kaffee, Torte, Kuchen und Sahne und hinterher vielleicht ein kleines Likörchen. (Hier gilt es allerdings auf die Diätvorschriften der einzelnen Teilnehmer Rücksicht zu nehmen!) Auf den Tisch gehören das gute Service oder die Sammeltassen. Wo es möglich ist, kann man gemeinsam mit der Gruppe den Kaffeeklatsch durch gemeinsames Kuchenbacken vorbereiten.

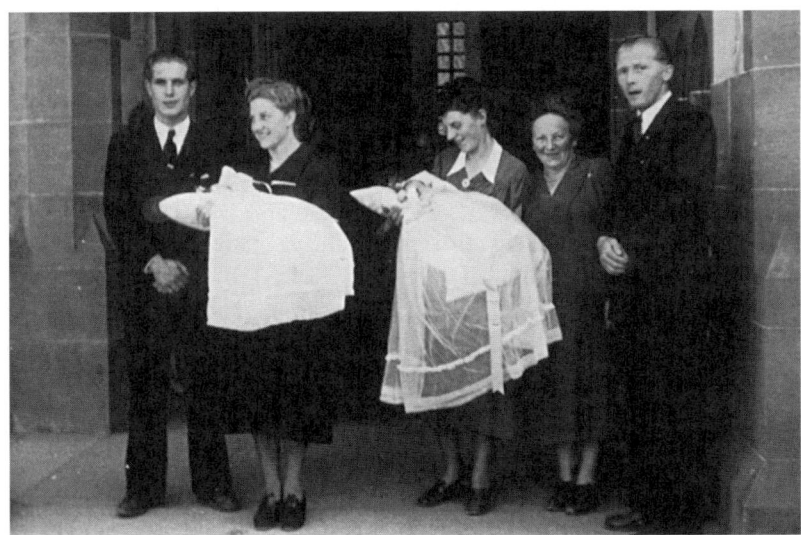

**Taufe, Hochzeit und Beerdigung** – Stichworte geben

Besonderen Stellenwert haben in allen Kulturen die Ereignisse der Geburt, des Eintritts in das Erwachsenenleben (also etwa Konfirmation, Firmung oder Jugendweihe), die Hochzeit und der Tod. Lassen Sie die Teilnehmer berichten, welche Erinnerungen sie an diese Ereignisse aus ihrer Kindheit bewahrt haben. (In Kapitel 11 werden verschiedene Vorschläge zur Gestaltung des Themenbereiches Brautzeit und Hochzeit gemacht.)

**Beerdigungsriten** – Geschichten erzählen

Ältere Menschen tabuisieren die Themen Sterben, Tod und Beerdigung im allgemeinen nicht. Während vor allem in den Großstädten die Beerdigungen mehr und mehr zu anonymen, wenig feierlichen Veranstaltungen werden, haben die Gruppenmitglieder aus ihrer Kindheit und Jugend ganz andere Begräbnisse im Gedächtnis. Es war üblich, daß die Menschen zu Hause starben, und es gab klare Vorschriften, wie dem Verstorbenen die letzte Ehre zu erweisen war. Die alten Menschen können sicher von sehr unterschiedlichen Bestattungen berichten. Sie werden Vergleiche zu heute ziehen und Überlegungen anstellen wollen, wie sie sich ihre eigene Beerdigung wünschen. Für manchen Teilnehmer mag so ein Gespräch Anlaß sein, ein klärendes Gespräch mit seinen Angehörigen zu führen oder Bestattungswünsche schriftlich zu fixieren.

Es kann auch ein Gang zu einem Friedhof angeregt werden. Friedhofsverwaltungen geben meist bereitwillig Auskunft über die unterschiedlichen Grabgestaltungen und die Geschichte besonders herausragender Grabsteine. Interessant sind auch hier wieder Vergleiche zwischen Kulturen und Religionen.[25]

**Wie sich die Zeiten ändern** – Stichworte geben

Festtage werden heute vielfach ganz anders begangen als früher. Die alten Menschen werden diese Veränderungen schildern und auch ihre Empfindungen über diesen Wandel zum Ausdruck bringen wollen. Wie feiert die Kinder- und Enkelgeneration die einzelnen Festtage? Welche Traditionen haben sich erhalten?

---

[25] Viel Material liefert hierzu Thomas, Carmen: Berührungsängste? Vom Umgang mit der Leiche. Köln 1994.

## 7. AUSFLÜGE

Ausgedehnte Ferienreisen, wie wir sie heute kennen, waren früher für die Mehrzahl der Bevölkerung unüblich (und unbezahlbar). Viele Menschen werden sich aber an Ausflüge, Wanderungen oder Pilgerfahrten erinnern. Vielleicht waren sie mit der Familie unterwegs, vielleicht mit der Schule, einem Verein oder – als sie älter wurden – mit Freunden und Kollegen. Dieses Thema eignet sich gut als Vorbereitung für einen eigenen Gruppenausflug.
Wanderungen und Tagesausflüge stehen also im Mittelpunkt der folgenden Übungen, es werden aber auch Geschichten über das Reisen einbezogen.

**Ausflugsziele** – Eine Liste aufstellen

Fragen Sie die Teilnehmer nach den populären Ausflugs- und Wanderzielen ihrer Jugend und schreiben Sie alles auf ein großes Blatt. Es können bestimmte Orte sein oder auch die Art der Ziele, die angesteuert wurden (der Wald, eine Burg, eine See).

**Ein schöner Ausflug** – Stichworte geben

Bitten Sie die alten Menschen, an einen Ausflug zu denken, der ihnen viel Spaß gemacht hat. Helfen Sie mit den entsprechenden Fragen:

- An welches Ausflugsziel denken Sie gern zurück?

- Wie gelangte man dort hin?

- Wer war mit von der Partie?

- Was wurde unternommen?

- Was gab es zu essen?

- Wie waren Sie gekleidet?

- Wie sind Sie wieder nach Hause gekommen?

Ist die Gruppe schon etwas geübter, können alle die Augen schließen, während Sie ganz langsam die Fragen stellen. Jeder kann so erst für sich die Antworten überlegen und das Ereignis vor sein inneres Auge holen. Dann schildert einer nach dem anderen, was ihm eingefallen ist.Bei einem Teilnehmerkreis, der hiermit überfordert wäre, stellt man jeweils nur eine Frage und läßt viel Zeit, bis jede/-r geantwortet hat.

**Eine Ausstellung** – Landkarten einsetzen und Schreiben

Stammen die alten Menschen alle aus der gleichen Gegend, kann man gemeinsam die Namen der einst populären Ausflugsorte zusammentragen und auf einer Karte einzeichnen. Wenn die Teilnehmer ihre Erinnerungen an die einzelnen Ausflüge aufschreiben oder diktieren und Fotos, Ansichtskarten oder andere Andenken hinzufügen, läßt sich daraus eine kleine Ausstellung entwickeln.

**Ausflugsorte** – Bilder betrachten

Fotos und Prospektmaterial von bekannten Ausflugsorten regen zu einem Gespräch über Kindheitserinnerungen an diese oder ähnliche Plätze an. Vielleicht bringen die alten Menschen auch eigene Fotos mit, um ihre Berichte zu illustrieren. Die Bilder gehen von Hand zu Hand und jeder steuert seine Gedanken bei. Auch alte Souvenirs aus diesen Orten, wie zum Beispiel bemalte Aschenbecher, Wandteller, Kuhglocken oder Trachtenpüppchen können herumgereicht werden.

**Hinaus ins Grüne** – Geschichten erzählen und schreiben

Als Einstieg zu einer gemeinsamen Geschichte beginnen Sie zu erzählen:

> „Endlich war es soweit: Vaters freier Tag war gekommen und die Sonne schien schon am frühen Morgen vom tiefblauen Himmel. Die Eltern waren früh aufgestanden, um alles vorzubereiten. Auch die drei Kinder hatte es nicht lange in den Betten gehalten. Es sollte so bald wie möglich losgehen."

Geben Sie Stichworte, damit die Gruppe die Geschichte weiter erzählen kann:

- Was wurde als Proviant mitgenommen?
- Wie waren die Ausflügler gekleidet?
- Welches Verkehrsmittel wurde genommen?
- Welche Spiele wurden gemacht?
- Was wurde besichtigt?
- Wurde eingekehrt?
- Wen traf man unterwegs?

Versuchen Sie, alle Vorschläge einzubeziehen und miteinander zu verknüpfen. Wenn sich daraus eine hübsche Geschichte ergibt, kann man sie aufschreiben oder die Teilnehmerinnen und Teilnehmer schreiben oder diktieren eigene Geschichten aus der Erinnerung.

**Geräusche von unterwegs** – Geschichten erzählen

Die Teilnehmer ahmen die Geräusche nach, die man bei einem Ausflug hören konnte. Zum Beispiel: Motorengebrumm, das Plätschern von Bächen, Vogelgezwitscher, Hundegebell, das Zischen von Lokomotiven, das Trappen von Wanderstiefeln und das Klicken der Wanderstöcke auf dem Asphalt, das Tuten des Ausflugsdampfers, Kindergeschrei und Kinderlachen, Musik in der Ausflugsgaststätte, Dampfersirenen, Jodeln und Singen und so weiter. Denken Sie sich gemeinsam eine Geschichte aus, die mit den entsprechenden Geräuschen untermalt wird.

**Ausflugsproviant** – Fühlen, riechen, schmecken

Besorgen Sie die Speisen und Getränke, die man als Proviant dabei hatte: Hartgekochte Eier, belegte Brote, Kartoffelsalat, Würstchen, Eis am Stiel, Limonade, Apfelschnitze, saure Drops, kalte Frikadellen oder Koteletts, eine Thermoskanne mit Kaffee, Leibnitzkekse, Himbeerbrause. Erörtern Sie mit der Gruppe, ob unterwegs etwas gekauft wurde. Die Speisen und Getränke, die man heute nicht mehr besorgen oder zubereiten kann, sollten von den Teilnehmern möglichst plastisch beschrieben werden.

**Fundstücke aus der Natur**

Menschen, die sich sprachlich kaum noch äußern, erreicht man oft mit Materialien aus der Natur. Breiten Sie auf einem großen Tablett mit hohem Rand oder in einem starken Karton verschiedene Objekte aus, die an Ausflüge in die freie Natur erinnern: Tannenzapfen, flache Steine, trockenes Gras, Kletten, Wiesenblumen, Getreideähren, ein Stück Baumrinde, Bucheckern, Haselnüsse, Sonnenblumenkerne, Beeren, die noch an den Zweigen hängen, kleine runzlige Äpfel, Eicheln, verschiedene Blätter von Bäumen, stark duftende Kräuter und Blätter, die man zwischen den Fingern reiben kann (wie Kamille, wilden Majoran, Rosmarin, Lavendel, Kiefernnaden, Lebensbaum). Wenn sich die alten Menschen an Ausflüge oder Reisen ans Meer erinnern, gehören auch Sand, Muscheln und getrocknetes Seegras mit auf das Tablett. Jede/-r soll sich ausgiebig mit den Objekten beschäftigen können, mit ihnen spielen, daran riechen, sie vielleicht zu Mustern arrangieren. Eßbares kann probiert werden (Gänseblümchen, Haselnüsse, Getreidekörner, Sauerampfer).

**Gräser und Blüten pressen**

Der eine oder die andere mag sich daran erinnern, wie Gräser und Blüten (in „Botanisiertrommeln") gesammelt, gepreßt und vielleicht später aufgeklebt wurden. Die Teilnehmerinnen und Teilnehmer können gemeinsam oder einzeln von Spaziergängen Gräser und Blüten mitbringen und sie pressen. Ist schließlich genügend Material vorhanden, findet eine Bastelstunde statt, bei der etwa Briefkarten nach altem Muster verziert werden.

**Meeresrauschen** – einen Gegenstand betrachten

Wenn Sie eine große Seemuschel mitbringen, kann jeder Teilnehmer sein Ohr an die Muschelöffnung halten und versuchen, das Meeresrauschen zu hören. Welche Erinnerungen mögen dabei aufsteigen?

**Essen unter freiem Himmel** – Stichworte geben

Bringen Sie die passenden Requisiten für ein Essen im Freien mit. Vielleicht eine große Decke, ein kariertes Tischtuch, einen Essenskorb oder einen Rucksack, eine Thermoskanne oder eine Feldflasche, einen Strohhut, eine Fliegenklatsche. Arrangieren Sie alles auf dem Boden mitten in der Gruppe und setzen Sie sich dazu. Was fällt den Teilnehmerinnen und Teilnehmern dazu ein? Erörtern Sie miteinander, wie der idealer Rastplatz aussehen muß: schattig, windgeschützt, ruhig, an einem Baum, auf den die Kinder klettern können, in der Nähe eines Baches, in dem geplanscht werden kann, nahe einer Wiese, auf der Ball gespielt werden darf, bei einer Gastwirtschaft, wo es Getränke zu kaufen gibt oder die mit dem Schild „Hier können Familien Kaffee kochen" auch Selbstversorger einlädt. Was haben die Teilnehmer früher während einer solchen Rast unternommen? Sicher wissen die alten Menschen auch von besonders schönen oder furchtbar mißlungenen Ausflügen zu berichten.

**Wir machen Rast** – Rollenspiel

Diese Übung läßt sich gut anschließen: Die Decke und die übrigen Gegenstände bleiben auf dem Boden liegen, auch die Gruppenleiterin bleibt sitzen. Bestimmen Sie miteinander, wer noch mit von der Partie ist (Familienangehörige oder Freunde). Die Teilnehmerinnen und Teilnehmer übernehmen einzelne Rollen und denken sich Dialoge aus, die vielleicht zu den zuvor erinnerten Begebenheiten passen. Mögliche andere Konstellationen:

■ Ein Kind beschwert sich, weil Sand im Essen ist.

■ Ameisen laufen über die Decke und in die Vorräte.

■ Einige Freunde streiten angesichts aufziehender Wolken, ob sie bleiben oder lieber zurückgehen sollen.

■ Eine Familie versucht, sich auf ein Spiel zu einigen, auf das alle Lust haben.

■ Ein Stier kommt über die Wiese gerannt und Panik bricht aus.

**Mein Rucksack** – Reihum fragen

■ Was hat jeder in seinen Rucksack gepackt? Gehen Sie mehrere Male in der Gruppe herum und erkundigen Sie sich nach den Einzelheiten:

■ Was gibt es zu essen?

■ Wie sind die Stullen belegt?

■ Was gibt es zu trinken?

■ Worin sind die Getränke aufbewahrt?

■ Welches Obst und welche Süßigkeiten müssen dabei sein?

■ Wer hat das Heftpflaster für die Blasen dabei, wer die Wanderkarte oder einen Ball?

Beginnen Sie die Umfrage, indem Sie Ihren Lieblingsproviant vorstellen.

**Spiele im Freien** – Eine Liste aufstellen

Spiele wie Federball, Fußball, Fangen, Verstecken und Blinde Kuh
verbindet man mit Ausflügen in die Natur. Bitten Sie die Teilnehmer,
sich an alle Spiele, die bei ihnen üblich waren, zu erinnern und sie zu
einer Liste zusammenzuschreiben. Fragen Sie nach den Regeln und
den Ausrüstungsgegenständen.
Diese Übung kann erweitert werden auf die Spiele, mit denen man
sich auf Reisen die Zeit zu vertreiben suchte. Zum Beispiel: „Ich sehe
was, was du nicht siehst" oder „Meine Tante macht eine Reise und
in ihren Koffer packt sie...."
Jede/-r bekommt Gelegenheit, die Regeln ihres/seines Spiels zu beschreiben.

**Ein Ausflug**

Planen Sie zusammen einen richtigen Ausflug. Beschließen Sie gemeinsam, wohin es gehen soll: In einen Park, zu einer Sehenswür-
digkeit, in eine Ausflugsgaststätte, in den Wald oder einfach nur in
den Garten hinter dem Haus. Einigen Sie sich auf den Proviant, der
mitgenommen werden soll und regeln Sie, wer was beschafft. Dann
geht es richtig los.
Trifft man andere Ausflügler, sollen die Teilnehmerinnen und Teilnehmer deren Verhalten und Ausrüstung beobachten. Sie sollen her-
auszubekommen suchen, welche Spiele von diesen gespielt werden
und nach welchen Regeln. Auch Sie können nach dem Essen spielen.
Bei Boccia etwa können auch körperlich eingeschränkte ältere Menschen mitmachen. Andere Spielvorschläge kommen sicher aus der
Gruppe.

## Drachen steigen lassen

In vielen Teilen der Welt lassen die Kinder gern Drachen steigen und einige Teilnehmer haben in ihrer Jugend sicher auch Drachen gebaut und sie fliegen lassen. Die Gruppe könnte sich also nach den Anweisungen eines ihrer Experten oder nach den Erklärungen eines Buches ans Drachenbauen machen. Selbst im Sitzen macht es viel Spaß, eine Drachenschnur zu halten und zu fühlen, wie der Wind daran zieht.

## Ein Picknick für die Sinne

Packen Sie an einem warmen Tag Proviant zusammen und nehmen die Gruppe mit zum nächstbesten Sitzplatz im Freien. Es sollte Getränke geben, die – zumindest für ältere Menschen – ungewöhnlich sind. Vielleicht Coca Cola oder Fruchtsaft in kleinen Tüten und neumodische oder fremdländische Leckereien (zum Beispiel verschieden gewürzte und geformte Sorten Knabbergebäcks). Machen Sie die Teilnehmer darauf aufmerksam, wie warm die Sonne scheint, welch lauer Wind weht. Lassen Sie alle tief durchatmen. Weisen Sie auf die Dinge ringsumher: auf die Blumen, das Gras, die Bäume, die Sonnenstrahlen, die Vögel, die Geräusche. Sprechen Sie gemeinsam über das Wetter und die Jahreszeit.

## Ein Stilleben – Gegenstände betrachten

Für Personen, die nur noch selten nach draußen kommen, kann man zu bestimmten Themen – etwa den Jahreszeiten – einen Schautisch zusammenstellen, wie ihn etwa auch Grundschulkinder benutzen. Zeigen und beschreiben Sie die einzelnen Gegenstände. Die alten Menschen nehmen in die Hand, was ihr Interesse findet, riechen daran und suchen die korrekten Bezeichnungen für die Objekte. Greifen Sie Vorschläge aus der Gruppe auf, wie die Sammlung zu ergänzen ist.

Ein „Frühlingstisch" könnte Weidenkätzchen enthalten, klebrige Baumknospen, einen Strauß Osterglocken oder Primeln, ein Vogelnest, ein Vogelei, vielleicht etwas Osterdekoration.

Einen „Sommertisch" schmücken ein Rosenstrauß, ein Korb Kirschen, Johannisbeeren an der Rispe, eine Handvoll Heu, Vogelfedern und vielleicht eine Flasche Sonnenöl und eine Sonnenbrille.

Der „Herbsttisch" enthält Hagebutten, Brombeeren, buntes Laub, einige Äpfel, reife Ähren, erdige Kartoffeln und Kastanien.

Der „Wintertisch" bereitet vielleicht etwas Schwierigkeiten, aber ein paar kahle Zweige, etwas Vogelfutter, Tannenzweige, Nüsse und eine Mausefalle könnten ein Anfang sein.

**„Wenn einer eine Reise tut..."** – Stichworte geben

Viele Einzelheiten früherer Ausflüge und Reisen können ins Gedächtnis zurückgeholt werden, wenn man an die bisherigen Gespräche anknüpft. Welche Transportmittel wurden zum Beispiel genutzt, um ins Grüne zu gelangen: Fahrrad, Eisenbahn, Automobil, ein Bollerwagen, Pferd und Kutsche, Bus oder Straßenbahn, ein Dampfer?

Zu welchen Gelegenheiten wurden Reisen oder Ausflüge unternommen: Am 1. Mai, zu Großvaters Geburtstag, zu Beginn der großen Ferien, zum Sommerfest des Turnvereins?

Was war das Wesentliche bei einem Ausflug oder einer Reise: die frische Luft, die körperliche Ertüchtigung beim Wandern, das Zusammensein der ganzen Familie, das leckere Essen?

Erfragen Sie immer weitere Details.

**Mit der Eisenbahn unterwegs** – Bilder betrachten

In den öffentlichen Büchereien gibt es Bildbände mit Photos von Dampflokomotiven. Zeigen Sie ausgewählte Bilder herum, damit die Teilnehmerinnen und Teilnehmer angeregt werden, von ihren Erinnerungen an das Reisen mit dem Dampfzug zu berichten. Weiß man noch, wie die Abteile innen aussahen? Fragen Sie nach der Art der Bezüge, dem Gepäcknetz, den Bildern an den Abteilwänden, den Beschriftungen auf Fenstern und Türen, dem Geruch und den Geräuschen. Wieviel Klassen gab es und wie sahen die Schaffner aus? Was erblickte man vom Abteilfenster? Was spielte sich auf den Bahnsteigen ab?

133

**Ein vollbesetzter Zug** – Rollenspiel

Hat die Gruppe Lust aufs Theaterspielen, setzen sich einige Personen in zwei Reihen einander gegenüber, als befänden sie sich in einem Zugabteil. Setzen Sie sich mit dazu. Alle unternehmen eine Ausflugsreise in einem ratternden Eisenbahnwaggon. Wippen Sie leicht in den Sitzen auf und ab und brechen Sie dabei ein Streitgespräch vom Zaum, weil das Abteilfenster geöffnet oder geschlossen werden soll, jemand zu viel Platz beansprucht, ein Harzer Käse die Luft verpestet, der Zug durch einen Tunnel fährt und Ruß ins Abteil geraten ist. Jeder im Abteil bringt seine Ideen ein und redet mit. Auch die Zuschauer außen im Kreis können sich einmischen. Auf diese Weise läßt sich auch eine Kutschfahrt oder eine Busreise nachspielen.

**Im historischen Dampfzug** – Ein Ausflug

Schwärmt die Gruppe von alten Dampflokomotiven und gibt es in der näheren Umgebung die Möglichkeit, mit einem historischen Zug zu fahren, so können Sie eine Besichtigung organisieren, vielleicht auch eine Fahrt. Möglicherweise können einige Teilnehmerinnen oder Teilnehmer nur sehr schwer die hohen Stufen zu den Abteilwagen erklimmen, oder es stellen sich andere Probleme aufgrund des gesundheitlichen Zustands einiger Gruppenmitglieder ein – prüfen Sie vorab, ob dieser Ausflug für alle möglich ist.

**Fahrrad fahren** – Stichworte geben

Auch früher war das Fahrradfahren außerordentlich populär – sowohl in der Freizeit als auch um zum Arbeitsplatz zu gelangen. Wenn es Gruppenmitglieder gibt, die Fahrrad gefahren sind, können Sie fragen:

- Was für ein Fahrrad hatten Sie?
- Auf welche Weise haben Sie es bekommen?
- Mußten Sie dafür lange sparen?
- Wissen Sie noch, wieviel es gekostet hat?
- Können Sie die Zahl der Gänge und andere Besonderheiten beschreiben?
- Haben Sie es gut gepflegt?
- Trugen Sie spezielle Kleidung beim Radfahren?
- Welche Beleuchtung hatte das Fahrrad, welche Reifen?
- Hatte jemand gar ein Tandem?

## Eine Radwanderung – Geschichten erzählen

Wenn in der Gruppe Menschen sind, die einmal begeisterte Radfahrer waren, lassen Sie sich von einer Radwanderung erzählen.

## Ein Lied für den Heimweg

Wählen Sie zum Abschluß gemeinsam ein Lied aus, das man singen kann, wenn man sich müde auf den Heimweg macht.
Ein paar Vorschläge:

- „Kein schöner Land in dieser Zeit"

- „Nun ruhen alle Wälder"

- „Ade zur guten Nacht"

- „Laßt uns all nach Hause gehen".

## Eine Zusammenfassung

Beschreiben Sie noch einmal kurz alle Erinnerungen, von denen heute berichtet wurde. Wichtig ist, daß jedes Gruppenmitglied sich mindestens einmal erwähnt findet.

## 8. MODE

Hier soll es nun um das junge Erwachsenenleben gehen, etwa vom sechzehnten Lebensjahr bis Anfang zwanzig. Manche Männer und Frauen erinnern sich erstaunlich genau an die Kleidung, die sie zu einem bestimmten Anlaß trugen und können sich auf diese Weise ihr jüngeres Ich vergegenwärtigen.

## Die Handtasche

Packen Sie in eine elegante Handtasche, vielleicht sogar in ein Abendtäschchen, die Utensilien, die ein junges Mädchen (ein „Backfisch") früher mitnahm, wenn es abends ausging: Ein Spitzentaschentuch, eine Puderdose, ein Lippenstift, ein Fläschchen Kölnisch Wasser, einen Kamm, eine Kino- oder Theaterkarte. Erinnern Sie die alten Menschen in Ihrer Gruppe daran, daß es heute um das Thema „Ausgehen" geht und fragen Sie, welche Gegenstände sie in der Handtasche vermuten. Zeigen Sie Stück für Stück und reichen Sie alles herum. Jede Teilnehmerin erzählt dann, was sie gewöhnlich in der Tasche mit sich trug.
Was steckte bei solchen Gelegenheiten in den Hosen- und Jackettaschen der jungen Männer?

### Wechselnde Moden – Bilder betrachten

Was war modern, als die Teilnehmerinnen und Teilnehmer die Schule verließen? Mit Modefotos aus den zwanziger, dreißiger und vierziger Jahren läßt sich die Erinnerung anregen. Wichtig ist, daß jede Teilnehmerin sich in der richtigen Epoche wiederfinden kann. Man muß also vorab wissen, wie alt jede ist, um das entsprechende Bildmaterial zu besorgen. Vielleicht bringen Gruppenmitglieder auch eigene Fotos mit.[26]

### Die erste Erwachsenenkleidung – Reihum fragen

Die alten Menschen beschreiben ihre erste Erwachsenenkleidung. Für die Männer war es vielleicht der erste Anzug (der Konfirmandenanzug?), für die Frauen das erste Kleid, das übers Knie reichte. Möglichst viele Einzelheiten sollten genannt werden: die Farbe, die Stoffart, der Schnitt, die Accessoires. Welche Frisur trug man, welche Schuhe, welche Unterwäsche? Wer schminkte sich?

### Mein schönstes Kleid – Zeichnen

Im Anschluß an die vorangegangene Übung zeichnen die Teilnehmerinnen ihr schönstes Kleid und die Teilnehmer ihren besten Anzug. Dabei sollte wieder viel Wert auf die Details gelegt werden.

---

[26] Einen fundierten und detaillierten Überblick zu diesem Thema bietet Loschek, Ingrid: Mode im 20. Jahrhundert, München 1990.

**„Hast Du auch ein sauberes Taschentuch?"** – Eine Liste aufstellen

Welche Verhaltensmaßregeln gab die Mutter, bevor ein junges Mädchen oder ein junger Mann das Haus verlassen konnte? Sammeln Sie Beispiele mit der Gruppe:

- Zieh frische Unterwäsche an, falls dir etwas passiert unterwegs.
- Hast Du ein sauberes Taschentuch?
- Sind die Schuhe auch an den Absätzen geputzt?
- Hast Du Dir den Hals gewaschen?
- Eine Dame geht nicht ohne Hut/Handschuhe.
- Laß Dich nicht einladen, bezahl für Dich selbst!

Die eine oder andere Teilnehmerin wird sich auch an elterliche Auflagen bezüglich des Make-ups erinnern: „Mit dem Farbtopf im Gesicht kommst Du mir nicht aus dem Haus!"

**Stoffe und Materialien** – Fühlen und riechen

Bringen Sie Textilien mit, die zum Thema passen: weiche Lederhandschuhe, Seidenstrümpfe (mit Naht!), einen gestärkten Kragen, ein Stück Spitze, ein Seidentuch, ein Chiffontuch, Samt, Satin, Brokat, Crêpe de Chine, ein Stück Pelz. Ermuntern Sie besonders die alten Menschen, die sich nur wenig am Gespräch beteiligen, über das Material zu streichen, während Sie oder andere Gruppenmitglieder darüber sprechen: Wie weich, zart oder glatt sind doch die einzelnen Stoffe! Welchen Farbton haben sie? Zu welcher Gelegenheit trug man solche Materialien?

Mottenkugeln und Kölnisch Wasser riechen intensiv und können leicht besorgt werden. Andere Assoziationen ergeben sich, wenn man an Puderdosen, Lippenstiften und Nagellack schnuppert. Nach dem Überwintern riecht die Garderobe leicht muffig – lassen Sie die Teilnehmerinnen die Nasen in alte Kleidungsstücke stecken und erzählen, welche Erinnerungen sich einstellen.

**Markennamen** – Stichworte geben

An bestimmte Marken- und Produktnamen knüpfen sich vielfältige Erinnerungen. Fragen Sie die alten Menschen, woran sie sich erinnern: An Uralt Lavendel, Creme Mouson, Elida Creme, Schwanenweiß, Tosca, Maiglöckchenparfüm...? Dann schließen alle die Augen und versuchen, sich ihren Lieblingsduft „herbeizuschnuppern".

**Die Lockenschere** – Gegenstände betrachten

Bringen Sie ein paar alte Lockenscheren mit und lassen Sie beschreiben und demonstrieren, wie man damit umging:
Wie wurde die Schere erhitzt? Wie prüfte man, ob die sie die richtige Temperatur hatte? Wie lange mußten die Haare in der Schere bleiben? Wann und wie oft unterzog man sich dieser Prozedur? Vergleichbare Geräte waren in vielen Teilen der Welt in Gebrauch – sei es zum Locken legen, sei es zum Glätten der Haare.

**Meine vielen Frisuren** – Malen

Die Haarmode war in diesem Jahrhundert für Frauen wie für Männer vielen Stilwechseln unterworfen. Welche Frisuren trugen die Gruppenmitglieder in jungen Jahren? Mit Zeichnungen oder Fotos kann man festhalten, wer in der Jugend sein Haar lang trug, welche Farbe es hatte und wer sich zuerst einen Bubikopf schneiden ließ. Aus den Zeichnungen werden sich angeregte Gespräche ergeben: Wer von den Herren benutzte Pomade und wer von den alten Damen erinnert sich an die erste Dauerwelle? Welche Frisuren tragen die Gruppenmitglieder heute? Sprechen Sie auch über den Wandel bei den Bärten und Schnurrbärten. Wer erinnert sich an Bartbinden, Barttassen, Bartbürsten, Haaröl und Haarnetze?

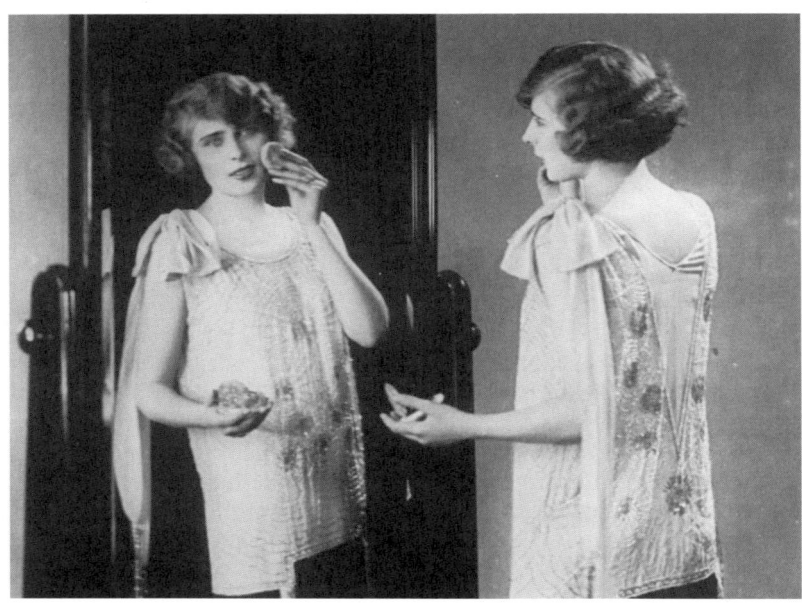

## Schminken

Ob und wie man sich schminkt, ist eine sehr persönliche Angelegenheit, und die Einstellungen hierzu können innerhalb einer Gruppe beträchtlich voneinander abweichen. Die alten Menschen werden vielleicht darüber sprechen wollen, wie das Schminken in ihrer Jugend angesehen wurde und ob sie sich davon beeinflussen ließen („Eine deutsche Frau schminkt sich nicht" – so die Nazipropaganda). Haben sich die Einstellungen der einzelnen Teilnehmer im Laufe der Zeit verändert?

## Rasieren

Die Männer werden sich wahrscheinlich gut entsinnen, welche Prozedur das Rasieren in ihrer Jugend war. Sie werden von Rasierseife und Rasiermesser berichten können, und daß man immer erst heißes Wasser zubereiten mußte. Einige können vielleicht beschreiben, wie es zuging, wenn man sich beim Barbier rasieren ließ und was dort alles passieren konnte.

## Hüte

Wer trug früher häufig Hüte, Kopftücher oder andere Kopfbedeckungen? Gibt es über besonders ausgefallene Exemplare zu berichten? Ist unter den Teilnehmerinnen eine ehemalige Hutmacherin oder jemand, der seine eigenen Hüte schmückte, kann sie der Gruppe beschreiben, wie dies im einzelnen vonstatten ging. Sammeln Sie nach ihren Anweisungen alte Hüte und Bänder, Federn, Stoffblumen, Tüll und andere Materialien. Dann können die Teilnehmerinnen, die hierin geübt sind, den anderen zeigen, wie man Hüte dekoriert.

## Sich fein machen – Stichworte geben

Wie haben sich die Teilnehmerinnen und Teilnehmer in ihrer Jugend zum Ausgehen fein gemacht? Da wurden Haare gewaschen und Locken gelegt, Kleidungsstücke aufgebügelt oder gedämpft, der Mantel wurde ausgebürstet und man mußte nachsehen, ob die Knöpfe festsaßen. Die Mädchen haben sich vielleicht geschminkt, die Nägel poliert und Eau de Toilette aufs Taschentuch gespritzt. Die jungen Männer sind zum Barbier gegangen oder haben die Haare mit Pomade in Form gebracht. Der ältere Bruder mußte beim Binden der Krawatte helfen.

**Modeterror oder: Wer schön sein will, muß leiden!** – Geschichten erzählen

Fast alle werden sich kichernd an Situationen erinnern, in denen etwas daneben ging: Vielleicht trug man, im Glauben besonders schön zu sein, ein völlig unvorteilhaftes Kleid. Oder die neuen Schuhe, auf die man so stolz war, drückten ganz entsetzlich und verdarben einem den ganzen Abend. (Wem fällt dabei das Sprichwort ein: „Pommersche Füße und englische Schuhe passen nicht zusammen?) Manch ein junges Mädchen dünkte sich vornehm und kam mit der aufwendigen Frisur oder dem empfindlichen Kleid in einen Regenguß. Anderen riß im entscheidenden Moment ein Gummiband oder platzte eine Naht.

**Eine Modenschau in der Phantasie** – Rollenspiel

Jede stellt sich vor, auf einer Modenschau als ihr jüngeres Selbst aufzutreten. Man darf sich dazu die Garderobe auswählen, die man wirklich einmal besessen hat oder sich so extravagant kleiden, wie man sich nie getraut hat.
Dann beschreibt sich jede so, wie es der Conférencier auf einer Modenschau machen würde, also etwa: „Madelaine trägt ein Ensemble in Creme...". Manche werden dabei gerne herumdefilieren, andere bleiben lieber sitzen.

**Kleidung für besondere Anlässe** – Stichworte geben

Oft gab es Kleidungsstücke, die nur zu bestimmten Anlässen getragen wurden. Fragen Sie entsprechend nach: Was wurde zum Kirchgang angezogen? Was trug man zum Tanzen, zum Sonntagsspaziergang oder zu einem Vorstellungsgespräch? Gab es besondere Arbeitskleidung (im Büro oder in der Fabrikhalle)? Was zog man bei der Hausarbeit an und wer hatte spezielle Sportkleidung? Auch Trauerkleidung hatte einen festen Platz in der Garderobe. Wie half man sich, wenn man für einen bestimmten Anlaß nicht die passende Garderobe besaß?

**Der Stoff, aus dem die Träume sind** – Eine Liste aufstellen

Sehen Sie sich in der Gruppe um und zählen Sie die verschiedenen Stoffarten auf, die Sie an der Kleidung der Teilnehmer/-innen erkennen können. Dann lassen Sie die alten Menschen aufzählen, welche Stoffe sie getragen haben und an welche sie sich sonst erinnern können. Die Nennung der unterschiedlichen Stoffnamen wird bereits vielerlei Erinnerungen wachrufen. Fragen Sie weiter, welche Art von Kleidung aus den einzelnen Stoffen hergestellt wurde und ob es Erinnerungen an ganz bestimmte Stücke gibt. Ehemalige Schneiderinnen oder Textilverkäuferinnen werden hier in ihrem Element sein. Man kann – entsprechende Expertinnen in der Gruppe vorausgesetzt – auf mehr als siebzig verschiedene Stoffe kommen. Hier sind ein paar Anregungen: Chiffon, Crêpe de Chine, Georgette, Musselin, Organza, Manchester, Samt, Webpelz, ... .

**Kaufen oder selber nähen** – Stichworte geben

Wer hat früher selbst geschneidert? Wie lange mußte gespart werden, bis man ein neues Kleidungsstück kaufen konnte? Wer ließ bei der Schneiderin nähen, wer kaufte gebrauchte Kleidung oder mußte sich zu besonderen Anlässen etwas ausleihen? Welche Geschichten gibt es zu abgelegter Kleidung, die man „erbte", welche zum Einkaufsbummel? Wie wurde in der Kriegs- und Nachkriegszeit mit dem Mangel an Stoffen und Kleidung umgegangen? (Da wurden Uniformmäntel gewendet, aus Herrensackos Damenjacken geschneidert und aus Gardinen oder Fallschirmseide Tanzkleider genäht.)

## Sich herausputzen

Alle kommen in ihrer besten Garderobe, die Schuhe poliert und die Haare zurechtgemacht. Wenn möglich, wird auch Schmuck angelegt. Bei den alten Menschen, die das nicht allein schaffen, sind die Betreuungskräfte einzubeziehen. Dann wird darüber gesprochen, wie man sich heute feinmacht, und wie es früher war.

## Die heutige Mode

Wie kleiden sich die jungen Leute, wenn sie ausgehen?
Was beobachten die alten Menschen auf der Straße, in der Familie und in den Medien? Welche Unterschiede und welche Parallelen gibt es zwischen der Jugend einst und jetzt?

## Damals und heute – eine Zusammenfassung

Greifen Sie zum Abschluß noch einmal etwas von dem auf, was erzählt wurde und stellen Sie eine Verbindung zu der Kleidung her, die jede/-r heute trägt. Zum Beispiel: „Frau Schmidt hat sich an das grüne Kostüm erinnert, das sie sich für ihre erste Stelle kaufte. Und heute trägt sie ein grün kariertes Kleid." Wichtig ist, daß jedes Gruppenmitglied Erwähnung findet.

## 9. AUSGEHEN

Ob die alten Menschen in ihrer Jugend ausgehen konnten und wohin sie gingen, hing von mancherlei ab: Lebten sie in einer Stadt oder auf dem Lande? Welche Angebote gab es für sie? Was wurde ihnen vom Elternhaus erlaubt? Über wieviel Zeit und Geld konnten sie verfügen? Schließlich fühlen sich viele der heute alten Menschen durch Krieg und Nachkriegszeit um ihre Jugend „betrogen" und manche/-r wird vielleicht bitter über versäumte Möglichkeiten sprechen.
Die Übungen in diesem Kapitel sollen vor allem Gespräche über Tanzvergnügen und Kinobesuche anregen – zwei bei jungen Menschen auch früher schon äußerst beliebte Freizeitaktivitäten.

**Freizeitvergnügungen**

Was unternahmen die alten Menschen mit ihren Freunden an einem freien Abend, als sie etwa 15 bis 25 Jahren alt waren? Stichworte:

- Tanzen gehen
- Kino- oder Theaterbesuche
- Musik hören
- in einer (Laien)Gruppe Theater spielen oder musizieren
- die Abendschule besuchen
- Gaststättenbesuche
- Freunde besuchen.

Wenn die Liste fertig ist, entscheidet die Gruppe, über welchen Punkt länger gesprochen werden soll.

**Als Freizeit Mangelware war** – Stichworte geben

Viele der Teilnehmerinnen und Teilnehmer haben früh Verantwortung übernehmen müssen oder hatten aus anderen Gründen nur wenig freie Zeit. Damit auch dieser Aspekt einbezogen wird, berichten die alten Menschen, wie oft sie überhaupt ausgehen konnten und ob sie dann immer das tun konnten, wonach ihnen der Sinn stand.

**Tanzen gehen** – Einen Text vorlesen

> „Wir sind immer tanzen gegangen, im Gemeindezentrum, im Arbeiterverein und überall hin, wo Tanz war. Die Jungen standen an der Tür und die Mädchen saßen mit ihren Freundinnen zusammen. Dann, wenn die Musik losging, kamen sie und forderten auf, wer ihnen von uns gefiel. Wir haben getanzt, was kam: Quick Step, Foxtrott, Walzer – ach, es war doch eine schöne Zeit!"

Lesen Sie diesen Text vor und lassen Sie die Teilnehmer/-innen erzählen, ob sie über ähnliche Erfahrungen verfügen.

**„Ich hab getanzt heut' nacht, ...".** – Eine Liste aufstellen

Stellen Sie gemeinsam die Namen all der Tänze zusammen, an die sich die alten Menschen erinnern. Zu jedem Tanz sollte gleich ein kurzer Kommentar geschrieben werden. Damit wird jeder angeregt, sich ein bestimmtes Tanzgeschehen ins Gedächtnis zurückzuholen. Genannt werden sicher: Walzer, Quickstep, Foxtrott, Tango, Charleston, Jitterbug, Rock and Roll, Polka, verschiedene Volkstänze und Polonäse.

**Tanzen gehen** – Stichworte geben

Wohin ging man früher tanzen und bei welchen Gelegenheiten wurde getanzt? (Bei Familienfeiern, im Freundeskreis, bei öffentlichen Veranstaltungen, beim Tanztee, bei Festen im Verein, bei Betriebsausflügen) Wie gelangte man zum Tanzvergnügen? (Mit dem großen Bruder, mit dem Fahrrad, dem Bus) Was mußte man dafür ausgeben? (Eintritt, Verzehr, Fahrtkosten) Galt eine bestimmte Kleiderordnung? Welche Erinnerungen gibt es an die Tanzstunde? Manch einer schaute sich die Schritte bei älteren Geschwistern ab oder hatte Freunde oder Familienmitglieder, die mit ihm übten. Gab es schon einen Plattenspieler zu Hause oder wie organisierte man die „musikalische Begleitung"?

**Darf ich bitten?** – Rollenspiel

Wie forderte ein junger Mann ein Mädchen auf? Diese Situation läßt sich in einem Sketch von nur ein paar Minuten Dauer darstellen. Ein Teilnehmer spielt den schüchternen oder den besonders draufgängerischen jungen Mann, der auf zwei junge Mädchen zugeht. Die Mädchen spekulieren, welche von beiden er wohl auffordern wird. Der junge Mann überlegt sich, wie er die Aufforderung vorbringen will, das Mädchen muß entscheiden, ob es annimmt oder nicht. Die übrigen Gruppenmitglieder kommentieren, ob die Szene so gespielt wurde, wie es ihren persönlichen Erfahrungen entspricht. Sie erhalten dann Gelegenheit, ihre Versionen darzustellen.

**Die Garderobe** – Stichworte geben und malen

Mädchen, die gern tanzen gingen, hatten oft eine überraschend große Zahl an Tanzkleidern. Vielleicht können die Teilnehmerinnen sich an eines der Kleider erinnern und beschreiben, wie es genau aussah. Was trug man dazu, wo wurde es gekauft oder war es selbst geschneidert? Fragen Sie auch die Männer, wie sie sich ausstaffierten. Vielleicht hatten sie einen Abendanzug. Trugen Sie Handschuhe, einen weißen Seidenschal? Lassen Sie auch die Personen erzählen, die in Trachten tanzten.
Wer seine Kleidung zeichnen will, muß sich viele Details ins Gedächtnis rufen. Wenn Sie nach Anweisung einer Teilnehmerin zeichnen, gilt es Einzelheiten zu erfragen: Wie war das Dekolleté geschnitten? Wo befand sich die Taille? War das Kleid eng anliegend oder weit? Wie waren die Ärmel, wie die Rocklänge? Welches war der genaue Farbton?
In Stadtbüchereien findet sich Bildmaterial, das beim Erinnern hilft.

### „Mein idealer Tanzpartner" – Reihum fragen

Welchen Traumpartner, welche Traumpartnerin hätten sich die Gruppenmitglieder beim Tanzen gewünscht? Hier darf wild phantasiert werden: Einmal mit seinem Idol ausgehen! Das mag Eroll Flynn, Johannes Heesters oder Willi Fritsch für die Damen sein, Greta Garbo oder Zara Leander für die Herren. Vielleicht wird aber auch ein ganz privater Schwarm genannt.

### Ein Tänzchen wagen

Das Thema kann mit einem der Tänze abgeschlossen werden, über die gesprochen wurde. Die alten Menschen können sicher noch zeigen, wie die Schritte gehen. Ist das Aufstehen und Tanzen für die Teilnehmer zu anstrengend, kann gut im Sitzen und mit den Händen getanzt werden.

### Die Puppen tanzen lassen

Mit zwei Handpuppen ist es einfach, ohne Worte einen Tanz vorzuführen. Lassen Sie die Puppen in Ihren Händen miteinander tanzen, während sie eine Melodie summen oder vom Kassettenrecorder abspielen. Reichen Sie dann die Puppen an die Teilnehmer mit der Bitte weiter, den Tanz fortzusetzen.

**Tanzmusik**

Spielen Sie eine Kassette mit der Schlager- und Tanzmusik, die den Teilnehmerinnen und Teilnehmern aus ihrer Jugend vertraut ist. An diese Stücke werden sie sich am besten und mit den meisten Emotionen erinnern. Ist eine Gruppe im Alter sehr gemischt, ist dies bei der Musikauswahl zu berücksichtigen. Die alten Menschen raten jeweils, um welche Tänze es sich handelt. Wem noch eine besondere Begebenheit zu dem einen oder anderen Stück einfällt, kann diese zum besten geben.

**Tanzen gehen**

Jetzt ist es Zeit für ein eigenes Tanzvergnügen. Entweder organisieren Sie selbst einen Tanznachmittag mit der Gruppe oder sie gehen zusammen in ein Tanzlokal. Eine andere Möglichkeit wäre, Tänzer aus einer Tanzschule oder einen Tanzclub einzuladen.

**Mein Lieblingsfilm** – Reihum fragen

Welche Filme haben den alten Menschen in ihrer Jugend besonders gut gefallen und welche Art von Filmen sehen sie heute am liebsten? Jeder Teilnehmer nennt den Film, der ihm spontan ins Gedächtnis kommt. Daran kann sich ein Gespräch über die unterschiedlichen Filmgattungen und die einzelnen Vorlieben anschließen. Zum Beispiel Liebesfilme, Abenteuerfilme, Musikfilme oder Dokumentarfilme.

**Beliebte Filmstars** – Bilder betrachten

Der Starkult ist kein ganz neues Phänomen. Fragen Sie die alten Menschen nach den Lieblingsschauspielern ihrer Jugend. Vielleicht haben sie für den einen oder anderen sogar richtig geschwärmt. Während sich die alten Menschen Fotos von einstigen Filmstars ansehen, erinnern sie sich wahrscheinlich auch an die entsprechenden Filme. Noch besser gelingt es, in die vergangene Filmwelt einzutauchen, wenn im Raum alte Filmplakate aushängen und in der Gruppe etwa Postkarten der einstigen UFA-Stars herumgereicht werden. Viel Material findet man auch in Filmlexika und den zahllosen Schauspielerbiographien.

Bringt man entsprechende Zeitschriften mit, können die Photos der jeweiligen Lieblingsstars ausgeschnitten und in Hefte eingeklebt werden. Auch populäre Schauspieler von heute dürfen dabei sein. Solch ein Heft anzulegen, ist für sich genommen bereits eine Erinnerungsaktivität, da viele Menschen in ihrer Jugend derartige Hefte geführt haben. Starphotos gab es damals auf Zigarettenbildchen, die gesammelt und getauscht wurden.

**Ins Kino gehen** – Stichworte geben

Lassen Sie sich berichten, wie so ein Kinobesuch früher ablief. Stichworte:

■ Wie sah das Filmtheater aus (innen und außen)?

■ Wer saß an der Kasse?

■ Was machten die Platzanweiserinnen?

■ Mußte man sich um Eintrittskarten anstellen?

■ Wieviel hat der Eintritt gekostet?

■ War die Summe leicht aufzubringen?

- Was gehörte zum Programm: Reklame, Vorschauen, die Wochenschau, der Vorfilm, der Hauptfilm?
- Gab es eigene Musik (vielleicht einen Klavierspieler oder einen Musikautomaten)?
- Wo waren die besten Plätze?
- Haben Sie sich etwas zu naschen gekauft?
- Mit wem sind Sie ins Kino gegangen?
- Hat ein Gruppenmitglied vielleicht sogar in einem Kino gearbeitet?

**Filmtheater** – Stichworte geben und Stadtpläne einsetzen

Wenn die Teilnehmer ihre Jugend alle etwa in derselben Gegend verbracht haben, erinnern sie sich vielleicht an die Kinos, die es damals gab. Heute dürfte die einst so große Zahl an Filmtheatern Erstaunen hervorrufen. Werden ein paar der typischen Bezeichnungen genannt, fällt den alten Menschen sicher wieder ein, wo die Kinos waren und über welche Besonderheiten sie verfügten (Wasserspiele, günstige Eintrittskarten, Premierenvorstellungen usw.).
Übliche Kinonamen waren (und sind): Capitol, Rex, Filmlichtspiele, Bali, Aki, Kaskade, Flohkino, Gloria und Filmpalast. Auf einem Stadtplan lassen sich die einzelnen Filmtheater einzeichnen. Vielleicht gibt es noch ein paar Kommentare anzufügen – schon kann der Plan ausgehängt werden.

**Die Wochenschau** – Stichworte geben

Bevor das Fernsehen zur dominanten Nachrichtenquelle wurde, gab es im Kino vor jedem Film eine Wochenschau („Fox tönende Wochenschau"). Auch dieses Medium wurde natürlich im Dritten Reich von den Machthabern als Propagandainstrument genutzt. Fragen Sie die Teilnehmerinnen und Teilnehmer, von welchen bedeutenden Ereignissen sie zuerst aus der Wochenschau erfuhren.

**Einen Film ansehen**

Die Gespräche über Lieblingsfilme führen vielleicht dazu, daß die Gruppe den einen oder anderen alten Film noch einmal sehen will. Oft gibt es Videoaufnahmen auszuleihen. Falls im Fernsehen einer der erwähnten Filme gezeigt wird, kann in der Gruppe verabredet werden, daß alle sich ihn ansehen, um beim nächsten Treffen darüber zu sprechen. Am schönsten ist natürlich, wenn es zu einem gemeinsamen Kinobesuch kommt. Dann wird man im Anschluß über den Film reden können und über die Dinge, die anders geworden sind.

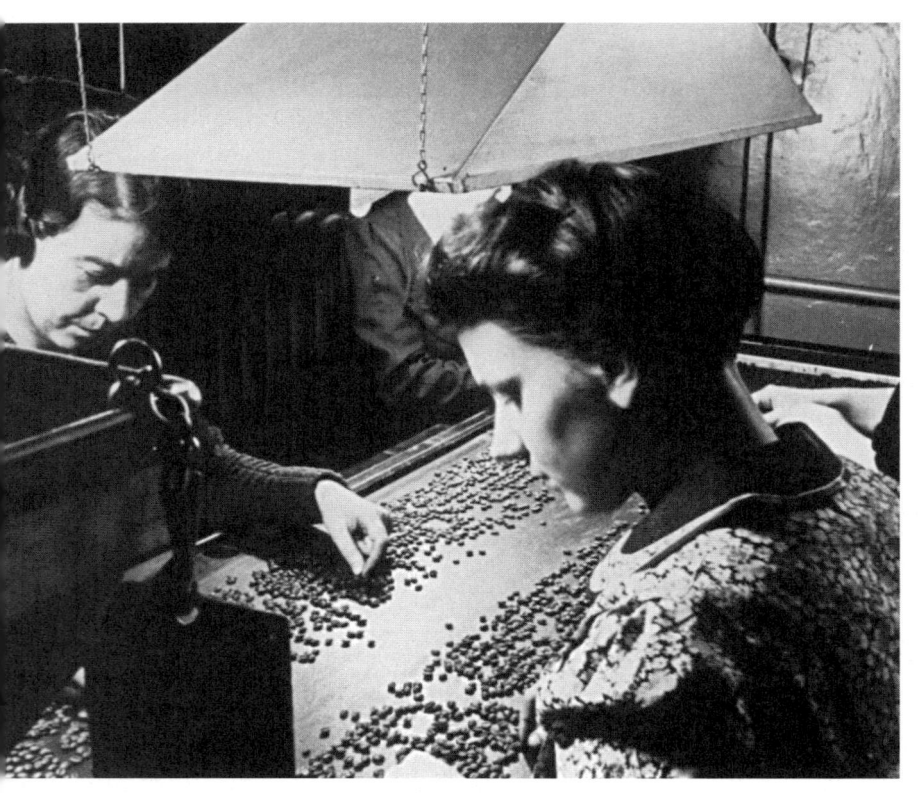

## 10. DAS ARBEITSLEBEN

In der Gruppenarbeit mit Älteren sind die Frauen meist in der Überzahl. Ihr Arbeitsplatz war häufig der eigene Haushalt. Doch für eine bestimmte Lebensspanne sind fast alle auch einer Tätigkeit außer Haus nachgegangen. Sie konnten dort Fähigkeiten entwickeln, auf die sie stolz sind und Kontakte knüpfen, über die sie gerne sprechen.

Das Thema „Arbeitsleben" liefert Stoff für mehrere Treffen: Es kann vom ersten Arbeitsplatz berichtet werden und von der Stelle, die im Leben am bedeutsamsten war. Ein weiterer Gesichtspunkt sind die mehr oder weniger dramatischen Ortswechsel, die erforderlich waren, um Arbeit zu finden.

Auch Arbeitslosigkeit durchzieht die Biographie vieler der heute alten Menschen. Von 1923 bis in die frühen 30er Jahre stieg die Zahl der Erwerbslosen in Deutschland auf über sechs Millionen an. Auch wer selbst nicht betroffen war, erlebte die damit verbundene Existenznot bei Angehörigen und Nachbarn. Er sah die Schlangen von Arbeitsuchenden vor Arbeitsämtern und wurde Zeuge der politischen und sozialen Auswirkungen. Selbst im Kinderspiel fand diese Situation ihren Niederschlag: „Die Kinder spielen Vater und Mutter. Vater kocht, weil er sonst nichts zu tun hat." Oder: Ein kleiner Junge will den Vater spielen: „Da kann ich immer schimpfen." und reflektiert so die schlechte Laune des arbeitslos zu Hause Sitzenden.[27]

Berichte aus dem Arbeitsleben weisen immer auch Bezüge zu den politischen Verhältnissen auf – ob dies von den Erzählern nun beabsichtigt ist oder als Erklärungshintergrund vorausgesetzt wird. Je nach Geburtsjahrgang werden Arbeitsdienst und Pflichtjahr, Militärdienst und die Arbeit in Munitionsfabriken zur Sprache kommen.[28] Einige Teilnehmerinnen und Teilnehmer schildern wahrscheinlich auch, wie ihnen durch die Wirren von Kriegs- und Nachkriegszeit die gewünschte berufliche Laufbahn verbaut wurde.

---

[27] Die Beispiele stammen von Detlev Peukert, zitiert nach Jacobeit, Sigrid/Jacobeit, Wolfgang: a.a.O., S. 234.

[28] Über die praktische und ideologische Einbindung der Arbeitskraft der Frauen – ob in Beruf oder als Mutter – in das nationalsozialistische System informiert Benz, Ute: Frauen im Nationalsozialismus. Dokumente und Zeugnisse. München 1993.

**Was ich alles gearbeitet habe** – Reihum fragen

Die alten Menschen erzählen, was sie früher gearbeitet haben. Manch einer wird viele verschiedene Tätigkeiten ausgeführt haben, ein anderer immer im selben Beruf geblieben sein. Zu berücksichtigen sind natürlich auch die unbezahlten Hausarbeiten: Putzen, Kochen, Einkaufen, Menschen pflegen und betreuen. Die Berufsarbeit vieler Frauen wird sich in Form von Aushilfsarbeiten und der „Mithilfe" im Familienbetrieb abgespielt haben. Weisen Sie auf Unterschiede und Ähnlichkeiten innerhalb der Gruppe hin, und ermuntern Sie die Teilnehmer/-innen, sich hierüber auszutauschen.

**Beruferaten** – Rollenspiel

Jeder besinnt sich auf eine Tätigkeit, die er in jungen Jahren ausgeübt hat. Dann werden die hierfür typischen Bewegungen ausgeführt und die anderen versuchen, den Beruf zu erraten. Beginnen Sie selbst eine einfache Pantomime vorzuführen, bis die Teilnehmerinnen und Teilnehmer verstehen, um was es geht. Viele werden dann mitmachen wollen. Helfen Sie beim Raten, falls erforderlich.

**Meine erste Stelle** – Stichworte geben

Jetzt geht es um den ersten Kontakt mit dem Berufsleben. Die alten Menschen beschreiben ihren ersten Arbeitsplatz, meist die Lehrstelle. Mit folgenden Fragen kann man das Erzählen unterstützen:

■ Wie haben Sie die Arbeitsstelle/die Lehrstelle gefunden?

■ Gab es ein Bewerbungsgespräch?

■ Wieviel haben Sie verdient?

■ Worin bestand die Tätigkeit?

■ Wo wohnten Sie in dieser Zeit?

■ Wann mußten Sie das Haus verlassen und wann kamen Sie von der Arbeit zurück?

■ Mußten Sie der Mutter Kostgeld abliefern?

■ Wie kamen Sie mit Lehrherren und Kollegen klar?

■ War eine bestimmte Arbeitskleidung erforderlich?

■ Was haben Sie mit ihrem ersten Lohn gemacht?

**Mein Handwerkszeug** – Gegenstände herumreichen und betrachten

Stellen Sie eine Sammlung von Gegenständen zusammen, die mit dem Arbeitsleben zu tun haben. Leicht zu beschaffen sind etwa: eine Scheuerbürste, ein Staubwedel, ein Hobel, Hammer und Nägel, ein Spaten, eine alte mechanische Schreibmaschine, ein Arbeitsanzug (Blaumann), eine Schirmmütze, eine Milchflasche, eine Metzgerschürze, eine Kochmütze, Ölkanne und Öllappen, Nadel und Faden, ein Zeigestock.... . Gibt es in der Region einen dominierenden Wirtschaftszweig, wie den Bergbau, die Landwirtschaft, den Fischfang oder die Textilindustrie, sollte man versuchen, die einschlägigen Gerätschaften aufzutreiben. Lassen Sie die alten Menschen über die Art von Arbeit berichten, die sie mit den einzelnen Gegenständen in Verbindung bringen. Wenn jemand tatsächlich in entsprechenden Berufsfeldern gearbeitet hat, bitten Sie ihn, über die verschiedenen Werkzeuge und Geräte seines Handwerks Auskunft zu geben und zu zeigen, wie sie benutzt wurden. Auch die anderen Teilnehmerinnen und Teilnehmer können von den Gerätschaften erzählen, mit denen sie gearbeitet haben.

**Der Lehrling** – Rollenspiele

Bitten Sie ein Gruppenmitglied, das mit besonders viel Freude von seinem Beruf gesprochen hat, den anderen die einzelnen Arbeitsgänge zu beschreiben, die es in seinem Beruf auszuführen hatte. Geben Sie selbst vor, eine junge Person zu sein, die neu im Betrieb ist und angelernt werden muß. Lassen Sie sich möglichst genau demonstrieren, was zu tun ist und stellen Sie immer wieder Fragen, um die Vorgänge plastisch erklärt zu bekommen. Wichtig ist, daß auch die übrigen Gruppenmitglieder dem Vorgang folgen. Nutzen Sie jede Gelegenheit, weitere Personen in das Spiel einzubeziehen. Wiederholen Sie den Vorgang mit einem anderen Teilnehmer/einer anderen Teilnehmerin – gegebenenfalls am Beispiel eines anderen Arbeitsplatzes.

**Arbeit fern der Heimat** – Stichworte geben

Einige der alten Menschen mußten möglicherweise in jungen Jahren ihr Zuhause verlassen, um Arbeit zu finden und etwa vom Land in die Großstadt ziehen. Einige kamen vielleicht aus einem fremden Land – etwa aus Osteuropa oder den ehemaligen „Gastarbeiterländern". Bei vielen werden die Folgen des Krieges dazu geführt haben, daß sie ihre Heimat verlassen haben. Bringen Sie das Gespräch durch folgende Fragen in Gang:

- Wie haben Sie sich gefühlt, als Sie ihr Zuhause verlassen mußten?
- Wie erfuhren Sie von den Arbeitsmöglichkeiten?
- Wie sind Sie gereist?
- Was waren die ersten Eindrücke?
- Wie haben Sie sich eingewöhnt?
- Wie haben Sie eine Unterkunft gefunden?
- Wie haben Sie Freunde gefunden?
- Wie halten Sie die Kontakte zu Ihrer Heimat aufrecht?

Stellen Sie sich darauf ein, daß viel Gefühl gezeigt werden wird, wenn es um das Verlassen der Heimat geht.

## Frauenarbeit im Krieg – Stichworte geben

Viele Frauen, die keine kleinen Kinder zu versorgen hatten, wurden in den letzten Kriegsjahren dienstverpflichtet. Sie arbeiteten in der Rüstungsindustrie und in der Landwirtschaft, als Schaffnerinnen oder als Flakhelferinnen. Oft arbeiteten sie zusammen mit Kriegsgefangenen oder Fremdarbeitern. Die Arbeit war schwer, bot aber die Möglichkeit zusätzlicher Versorgung mit Nahrungsmitteln und für manche Frauen auch die Chance, neue Arbeitsfelder kennenzulernen und berufliche Fähigkeiten zu entwickeln. Nach Kriegsende waren es vor allem die sogenannten „Trümmerfrauen", die dazu beitrugen, daß die zerstörten deutschen Städte wieder aufgebaut werden konnten. Zahlreiche Frauen entwickelten aufgrund der kriegsbedingten Abwesenheit der Männer Selbstbewußtsein und Unabhängigkeit. Sie erlebten es oft als Kränkung, ihren aus der Gefangenschaft zurückkehrenden Männern die attraktiveren Arbeitsplätze überlassen zu müssen.[29]

Lassen Sie die alten Menschen berichten, welche Art von Tätigkeit sie unter welchen Bedingungen ausführten. Für manche Gruppenmitglieder mögen dabei leidvolle Erlebnisse ins Gedächtnis zurückkehren. Andere wollen vielleicht über bestimmte Aspekte ihrer Arbeit nicht sprechen, weil sie sich dadurch als Befürworter des Nationalsozialismus zu erkennen geben müßten. Diese Problematik kann sich indes immer ergeben, wenn über Vergangenes gesprochen wird und eine sensible Leitung wird dafür sorgen, daß die Teilnehmer sich an keiner Stelle genötigt sehen, mehr von ihrem Leben preiszugeben, als sie sich selbst gegenüber vertreten können.

---

[29] Siehe zu diesen und anderen Problemen der Geschlechterbeziehung in der Nachkriegszeit Meyer, Sibylle/Schulze, Eva: Von Liebe sprach damals keiner. Familienalltag in der Nachkriegszeit. München 1985.

## Ein neuer Arbeitsplatz – Stichworte geben

Vielfältige Gründe führen dazu, daß jemand sich einen neuen Arbeitsplatz suchen muß. Es werden sich in dieser Situation Gefühle der Unsicherheit mit denen freudiger Neugier vermischen. Fragen helfen, das Gespräch darüber in Gang zu bringen: Wie fühlten Sie sich, als Sie am neuen Arbeitsplatz ankamen? Wer zeigte Ihnen, was zu tun war? Wie lange brauchten Sie, bis Sie sich eingearbeitet hatten? Wann stellte sich Routine ein? Was half, sich in die neue Arbeit hineinzufinden, was war eher störend?

Solche Gespräche können Ausgangspunkt sein, über heute anstehende Veränderungen zu reden. Vielleicht lassen sich Parallelen ziehen: Was hat mir früher geholfen, wenn ich mich umstellen mußte und was könnte mir heute nützlich sein?

## Arbeitskleidung – Malen

Auf große Blätter malen die alten Menschen die Kleidung, die sie früher bei der Arbeit trugen. Wer für einzelne Gruppenmitglieder das Zeichnen übernimmt, muß wieder genau nachfragen, wie die Uniform, die Schürze oder der Kittel aussahen und welche Schuhe, Kopfbedeckung und Schutzkleidung möglicherweise dazugehörten. Die Aufgabe wird leichter, wenn auf starker Pappe die Umrisse von Figuren aufgezeichnet sind, die dann nur noch entsprechend „angezogen" werden müssen – sei es mit Farbstiften, Wasserfarben oder indem man sie beklebt. Diese Collage-Technik sollte man erst anbieten, wenn in den vorangehenden Gesprächen herausgefunden wurde, welches Material zum Bekleben gebraucht wird.

Vielen älteren Menschen ist aus ihrer Kinderzeit die Anziehpuppe aus Pappe bekannt, an der man verschiedene Kleidungsstücke, Kopfbedeckungen und Schuhe aus Papier befestigen konnte. Wer sich auf diese Weise seine frühere Arbeitskleidung vergegenwärtigt, ist also schon mitten drin in einem alten Kinderspiel.

## Unser Arbeitsleben – Eine Ausstellung

Wenn die Teilnehmerinnen und Teilnehmer gern über ihre frühere Arbeit sprechen, kann mit ihnen daraus eine kleine (oder auch eine etwas anspruchsvollere) Ausstellung entwickelt werden. Es werden dazu möglichst viele Gegenstände zusammengetragen, die mit dem einstigen Arbeitsleben zu tun haben: Fotos und Zeugnisse, Werkstücke, die man selbst hergestellt hat, Arbeitsgeräte, Arbeitskleidung, Zeichnungen und selbst verfaßte Berichte.

## Ein typischer Arbeitstag – Schreiben

Erinnerungen werden wieder sehr präsent, wenn man aufzuschreiben versucht, was an einem ganz normalen Arbeitstag von Stunde zu Stunde geschah. Das funktioniert besonders gut bei Menschen, die im Haushalt beschäftigt waren und bei Personen, die eine relativ festgelegte Routine hatten. Wenn am Ende dann ein richtiger Stundenplan entsteht, kann man ihn gut in die oben angesprochene Ausstellung einfügen.

### Stellenanzeigen

Anhand der Stellenanzeigen in einer aktuellen Ausgabe der Lokalzeitung lassen sich die heutigen Arbeitsmöglichkeiten mit denen von früher vergleichen. Vielleicht können Sie auch Anzeigen aus alten Zeitungen gegenüberstellen. Die Archive von Regionalzeitungen können hier vielleicht weiterhelfen.

### Berufe, die es nicht mehr gibt – Eine Liste aufstellen

Welche Berufe gab es noch in der Jugend der Teilnehmer, die heute verschwunden oder sehr selten geworden sind? Schreiben Sie alles auf einen großen Bogen und fragen Sie, was die Teilnehmer über diese Berufe wissen. Einige Vorschläge:
Leute, die man auf der Straße antraf: Lampenanzünder, Scherenschleifer, Bäckerjungen, Altwarenhändler, Eisverkäufer (er brachte das Stangeneis zur Kühlung von Lebensmitteln und Getränken);
Hauspersonal: Köchin, Dienstmädchen, Kindermädchen, Waschfrau;
Verkehrsberufe: Kutscher, Gepäckträger, Schaffner in Bus und Straßenbahn, Heizer;
Berufe im Textilgewerbe: Putzmacherin, Weißnäherin, Büglerin/Plätterin.

## Das Bewerbungsgespräch – Rollenspiel

Inszenieren Sie mit der Gruppe ein Bewerbungsgespräch. Ein Teilnehmer ist der Arbeitgeber, ein anderer der junge Stellensuchende. Wählen Sie ein Berufsfeld, über das die Teilnehmerinnen und Teilnehmer gut Bescheid wissen. Die ganze Gruppe kann Vorschläge machen, welche Fragen der Arbeitgeber oder Personalchef stellt und was der Bewerber antwortet. Solch ein Bewerbungsgespräch kann man aus dem Stegreif spielen oder gemeinsam vorbereiten. Am Schluß entscheidet die Gruppe, ob dem jungen Bewerber die Stelle angeboten wird und ob er sie annehmen soll.

## Veränderungen am Arbeitsplatz

Die Teilnehmer/-innen vergleichen die Arbeiten, die heute in einem Supermarkt anfallen, mit der Tätigkeit einer Verkäuferin früher. Dieses Beispiel bietet sich an, wenn in der Gruppe ehemalige Verkäuferinnen sind. Die Idee läßt sich aber auf viele andere Arbeitsfelder übertragen, in denen die Gruppenmitglieder Erfahrungen sammeln konnten, etwa: Hausarbeit, Landwirtschaft, Bürotätigkeit, unterschiedliche Handwerksberufe.

**Beschäftigung und Arbeitslosigkeit** – Stichworte geben

Das Arbeitsleben einiger Teilnehmer mag immer wieder von Phasen der Erwerbslosigkeit unterbrochen worden sein. Welche Erfahrungen haben sie mit der Arbeitslosigkeit und den Schwierigkeiten der Stellensuche gemacht? In das Gespräch kann eingeführt werden, indem die Gruppenleiterin über eigene Erfahrungen oder Erlebnisse aus ihrem Bekanntenkreis berichtet.

**„Wo es mir am besten gefallen hat"** – Reihum fragen

Zum Abschluß berichtet einer nach dem anderen, was ihm oder ihr im Arbeitsleben am meisten Spaß gemacht hat und begründet dies kurz. Etwa: „Mir hat meine Zeit als Telefonistin am besten gefallen. Es gab so viel Abwechslung und ich habe dort viele gute Freundinnen gefunden."
Diese Frage läßt sich natürlich ebenso gut von den ehemaligen „Nur"-Hausfrauen beantworten.

## 11. Verliebt, Verlobt, Verheiratet

Bei diesem Thema werden die unterschiedlichsten Gefühle angesprochen: Man schmunzelt
über das eigene Verhalten in der Jugend, empfin-
det Liebe, Zorn oder Eifersucht beim Gedanken
an Menschen, mit denen man einmal zusammen
war. Es stellt sich Trauer ein über jene, die ver-
storben sind. In der Gruppe mögen Menschen
sein, die nie geheiratet haben und es gilt, auch
ihre Gefühle zu berücksichtigen. Auch sie werden
einst verliebt gewesen sein – vielleicht wollen sie
davon erzählen, vielleicht auch nicht. Bedenken
Sie, daß möglicherweise nicht alle Teilnehmer/-
innen heterosexuell sind und über ein ganz anderes Spektrum an Erfahrungen verfügen. Vielleicht möchten sie darüber sprechen.
Auch alte Menschen verlieben sich und haben se-
xuelle Bedürfnisse. Eine Atmosphäre gegenseiti-
ger Akzeptanz und Einfühlsamkeit ist wichtig,
damit die Gruppenmitglieder sich mitteilen
mögen. In diesem Kapitel wird auch angesprochen, wie der erste Hausstand gegründet wurde.

**Liebeslieder** – Musik

Es gibt unzählige Lieder zum Thema Liebe, die man vorspielen oder gemeinsam singen kann. Die alten Menschen werden viele Vorschläge machen können. Zwei Beispiele: „Kann denn Liebe Sünde sein?" oder „Und der Himmel hängt voller Geigen".

**Wie man sich kennenlernt** – Eine Liste aufstellen

Bis sie den Mann oder die Frau „fürs Leben" finden, waren und sind die jungen Leute viel unterwegs und suchen Gelegenheiten, Vertreter des anderen Geschlechts zu sehen und von ihnen gesehen zu werden. Stellen Sie gemeinsam eine Liste der Treffpunkte und Anlässe zusammen, die einst jungen Menschen die Möglichkeit boten, miteinander „anzubändeln".

Ein paar Vorschläge: der Stadtpark, der Kirchgang, der Jahrmarkt, das Platzkonzert, das Tanzvergnügen, der Sportverein, der Arbeitsplatz. Es können auch gleich die unterschiedlichen Erfahrungen einfließen, die alte Menschen mit den jeweiligen Treffpunkten machen konnten.

**Wenn man sich nicht treffen darf**

In einigen Kulturen haben die jungen Mädchen und jungen Männer kaum Möglichkeiten, einander kennenzulernen. Man kann – wenn überhaupt – nur einen verstohlenen Blick auf mögliche Heiratskandidaten werfen. Sprechen Sie auch diese Situation an.

**Die große Liebe** – Stichworte geben

In einer lockeren Gruppenatmosphäre werden viele ältere Menschen gern erzählen, wie ihnen der Hof gemacht wurde, für wen sie schwärmten und wie sie die Zeit der ersten Liebe verbrachten.

✎So kann das Gespräch in Gang kommen:

- ■ Wo haben Sie sich kennengelernt?
- ■ Wer hat Sie miteinander bekannt gemacht?
- ■ Können Sie sich an den ersten Kuß erinnern?
- ■ Wie verbrachten Sie die gemeinsame Freizeit?
- ■ Haben Freunde und Angehörige die Verbindung unterstützt oder galt es, Widerstände zu überwinden?
- ■ Wie lange kannten Sie einander, bevor Sie heirateten?
- ■ Mußten Sie mit der Hochzeit warten, bis etwas zusammengespart war?

**„Um elf hast Du zu Haus zu sein!"** – Rollenspiel

Früher wie heute hatten die Eltern feste Vorstellungen darüber, wie sich ihre heranwachsenden Kinder gegenüber dem anderen Geschlecht verhalten sollten. Was war erlaubt und was nicht? Entwickeln Sie mit der Gruppe hierzu einen kurzen Dialog. Ein paar Vorschläge: Ein verliebtes Paar steht vor der Haustür, während ein Elternteil ständig das Fenster öffnet, um zu drängeln: „Nun komm schon rein!"
Eine Mutter stürzt ins Wohnzimmer, während sich ein Päärchen gerade küßt.
Ein junger Mann kommt, um die Tochter des Hauses abzuholen. Vom Vater muß er sich anhören, wie er sich zu benehmen habe und wann das Mädchen wieder daheim abzuliefern sei.

**Verliebt sein – einst und jetzt**

Unterhalten Sie sich mit den alten Menschen darüber, wie sie sich früher als Verliebte benommen haben. Wie haben sie diese Phase bei ihren Kindern erlebt? Und was halten sie in diesem Punkt vom Verhalten der heutigen Jugend?

## Sparen für die Hochzeit – Einen Text vorlesen

„Ich habe auf dem Bau gearbeitet. Es gab wenig zu verdienen damals. Wir haben unser Spargeld in einer Blechdose aufbewahrt. Manchmal schafften wir nur, eine Mark pro Woche zur Seite zu legen, manchmal mehr, oft noch weniger. Wir waren viereinhalb Jahre verlobt, so lange mußten wir warten, bis wir einen Hausstand gründen konnten."

Welche Erinnerungen löst dieser Text aus? Wie sparten die Teilnehmerinnen und Teilnehmer und was schien ihnen damals besonders wichtig für den Hausstand?

## Aussteuer – Stichworte geben

Für Mädchen und junge Frauen war es üblich, Bettwäsche, Handtücher, Tischdecken und anderes als Aussteuer zu nähen und mit ihrem Monogramm zu besticken. Was haben die alten Damen Ihrer Gruppe genäht? Lassen Sie sich einzelne Wäschestücke beschreiben. Einige der alten Damen haben vielleicht noch Teile ihrer Aussteuer und möchten etwas davon mitbringen und zeigen. Welche anderen Haushaltsgegenstände wurden vor der Eheschließung angeschafft?

## Meine Wäschetruhe – Reihum fragen

Knüpfen Sie an das vorangegangene Gespräch an und fragen Sie jede/-n, was wohl in der Wäschetruhe einer jungen Braut stecken mag. Beginnen Sie mit: „Ich schaue in meine Wäschetruhe und finde...ein paar weiße Laken." Die nächste Teilnehmerin macht weiter – vielleicht fällt ihr die bestickte Kaffeedecke oder das rot-weiß karierte Geschirrtuch ein. Wenn die alten Menschen noch ein gutes Gedächtnis haben, wird das zu einem Spiel: Jede/-r wiederholt, was die anderen gesagt haben, bevor das nächste Aussteuerstück genannt wird.

## Hochzeitsfotos – Bilder betrachten

Reichen Sie ein paar Hochzeitsfotos herum. Es können Bilder sein, die von Teilnehmern mitgebracht wurden, es können Ihre eigenen oder die Ihrer Freunde sein. Oft läßt sich in Zeitschriften entsprechendes Material finden. Bitten Sie dann die Gruppenmitglieder, die verheiratet sind oder waren, ihren Hochzeitstag zu schildern.

**Die Hochzeiten, auf denen ich getanzt habe** – Stichworte geben

Lassen Sie die Teilnehmer von einer Hochzeit berichten, auf der sie Gast waren. Schön wäre es, wenn ganz verschiedene Feierlichkeiten zur Sprache kämen, damit deutlich wird, wie breit der Erfahrungsschatz innerhalb der Gruppe ist.
Unterschiede können sich ergeben:

- zwischen Hochzeiten auf dem Land und in der Stadt,
- wenn wenig oder viele Gäste kommen,
- zwischen einer kirchlichen Hochzeit und einer standesamtlichen Trauung,
- zwischen einem glücklichen oder eher bedrückten Hochzeitspaar,
- zwischen einem sehr jungen und einem schon etwas reiferen Paar.

**Das Brautkleid**

Die alten Damen versuchen, ihr Brautkleid so detailgetreu wie möglich zu zeichnen, die Herren ihren Hochzeitsanzug. Wer nie geheiratet hat, stellt sich als Trauzeuge oder Brautjungfer oder in einem imaginären Hochzeitsstaat dar. Es können auch große Figuren auf Pappe aufgemalt werden, und die Teilnehmer, denen es schwer fällt, selbst zu zeichnen, machen Vorschläge zur Ausstattung.
Ein weißes Hochzeitskleid war nicht überall üblich. Manchmal heirateten die Frauen in ihrem besten Kleid, in ländlichen Gegenden oft in Tracht.

**Hochzeitsstaat** – Fühlen und betrachten

Leihen Sie sich ein weißes Hochzeitskleid und zeigen Sie es in der Gruppe herum. Noch besser ist es, wenn Sie es anziehen und vorführen. Lassen Sie alles ausgiebig betrachten und auch berühren: Den Stoff, die Machart, die Unterröcke, die Verzierungen, Stickereien und Knöpfe. Überlegen Sie gemeinsam, was eine Braut sonst noch trägt: einen Schleier, einen Hut, speziellen Schmuck, besondere Schuhe, Handschuhe, eine Handtasche.

### Heiraten im Krieg – Einen Text vorlesen

„Meine Schwester hat mitten im Krieg geheiratet. Man konnte nicht mal eine Hochzeitstorte bekommen. Für alles brauchte man Lebensmittelkarten. Und das Hochzeitskleid hat sie sich von unserer Cousine geliehen. Eines zu kaufen, war ganz unmöglich. Ich glaube, unser halber Stadtteil hat in diesem Kleid geheiratet."

Wer während des Krieges geheiratet hat, wird durch dieses Zitat an die Schwierigkeiten erinnert, damals in Weiß zu heiraten und die Gäste angemessen zu bewirten. Sicher werden auch noch andere Problemen solch einer – oft überstürzten – Kriegshochzeit zur Sprache kommen.

### Mein Hochzeitstagebuch – Schreiben

Wenn alle in der Gruppe verheiratet sind oder waren, schlagen Sie doch vor, daß jeder sich seinen Hochzeitstag mit allen Einzelheiten Stunde für Stunde in Erinnerung ruft und darüber einen Bericht verfaßt.

### Aufklärung – Stichworte geben

Sind nur Frauen in der Gruppe, möchten sie vielleicht darüber sprechen, wie sie aufgeklärt wurden. Wie war die Einstellung in den unterschiedlichen Familien zur Sexualität, was wußte man über Verhütung? Ungewollte Schwangerschaften und (illegale) Abtreibungen bestimmten das Schicksal vieler Frauen dieser Generation. Welche Überlegungen und Erfahrungen gibt es unter den Teilnehmerinnen zu diesen Fragen?
Daran kann sich gut ein Gespräch über die Situation und das Verhalten der jungen Frauen heute anschließen. Welche Vorteile, welche Nachteile erkennen die Älteren in der größeren sexuellen Freiheit und den besseren Informationsmöglichkeiten der Generation ihrer Enkel?

### Ein Hausstand wird gegründet – Stichworte geben

Wie war es, als man heiratete und damit auch den ersten eigenen Hausstand gründete? Wer konnte es sich damals überhaupt leisten, von zu Hause auszuziehen? Die Teilnehmerinnen und Teilnehmer schildern, was dieser Schritt für sie bedeutete: Wie sah die erste Wohnung aus? Was gefiel besonders gut, was weniger? Wie viele Räume gab es und wie waren sie möbliert und tapeziert?
Wer waren die Vermieter? Mußte die Wohnung oder Teile davon (etwa das Bad, die Toilette, die Küche) mit anderen geteilt werden?

Gab es Schwierigkeiten, mit dem Haushaltsgeld auszukommen? Konnte man Schulden vermeiden oder mußten größere Anschaffungen „abgestottert" werden?

Menschen, die ihren Hausstand während des Krieges gründeten, die ausgebombt oder vertrieben wurden, werden sich daran erinnern, wie mühselig es war, Wohnraum zu finden und an Mobiliar zu kommen.

**Meine erste Wohnung** – Einladung zum Rundgang

Bitten Sie eine Teilnehmerin, die Gruppe in ihrer ersten eigenen Wohnung herumzuführen. Die Gastgeberin versucht, möglichst viele Einzelheiten zu beschreiben: Die Einrichtung, die Tapeten, die Bodenbeläge, die Vorhänge, die Lampen, Bilder, Blumen, Deckchen und andere Dekorationen und instruiert ihre Besucher auch, wo es um Ecken geht oder sich Stufen befinden.

**Einrichtungsstile** – Bilder betrachten

Besorgen Sie sich in der Bücherei einen Bildband mit Fotos von Inneneinrichtungen und Möbelstücken aus den 20er, 30er oder 40er Jahren. Zeigen Sie die Bilder herum und lassen Sie die Teilnehmer erzählen, wie es bei ihnen zu Hause ausgesehen hat oder wie sie sich gerne eingerichtet hätten.

**Wohnungsvergleiche**

Die alten Menschen können im Anschluß an die letzte Übung die Unterschiede schildern zwischen dem Heim ihrer Kindheit und den Wohnungen, in denen sie später lebten: Wie änderten sich Wohnungszuschnitt und Verteilung der Räume? Welchen Fortschritt gab es bei den Haushaltsgeräten? Wo konnte man die Speisen aufbewahren? Was hat sich beim Reinemachen geändert? Wie wandelten sich die Einrichtungsstile? Wann hatte man zum ersten Mal eine Wohnung mit Innentoilette und Badezimmer? In welcher Wohnlage befanden sich die einzelnen Wohnungen?

**Ratschläge an ein junges Paar** – Schreiben

Welche Tips würden die alten Menschen heute einem jungen Paar geben, das einen Hausstand gründet? Die verschiedenen Ratschläge können aufgeschrieben und an jüngere Mitarbeiter im Heim oder an Enkelkinder weitergegeben werden – vielleicht steht der eine oder die andere kurz vor der Hochzeit.

# Anhang

ADRESSEN

Age Exchange
The Reminiscence Centre, 11 Blackheath Village, London SE 9 LA.
Tel.: 0044 181 / 318 9105; Fax: 0044 181 / 318 0060

Altern & Kultur
Forschungsstelle und Verein zur Förderung des Bewußtseins um die
sozialen, kulturellen und beruflichen Probleme des Alterns
Zielglergasse 32, 1070 Wien
Tel. und Fax.: 0222 / 5228815

Dachverband Altenkultur e.v.
Geschäftsstelle Köln: Zugweg 10, 50677 Köln
Tel.: 0221 / 32 35 02; Fax: 0221 / 33 16 68
Geschäftsstelle Leipzig: Hermann-Meyer-Straße 38, 04207 Leipzig
Tel. und Fax: 0341 / 42 29 861

Kuratorium Deutsche Altershilfe
Wilhelmine-Lübke-Stiftung e.v.
An der Pauluskirche 3, 50677 Köln
Tel.: 0221 / 31 30 71, Fax: 0221 / 32 58 10

Theater der Erfahrungen
Nachbarschaftsheim Schöneberg e.v.
Cranachstraße 52, 12157 Berlin
Tel.: 030 / 8554 206 und 8554 378

LITERATUR

Améry, Jean: Über das Altern. Revolte und Resignation. Stuttgart
1977
Bechtler, Hildegard: Gruppenarbeit mit alten Menschen. Freiburg
1993
Benz, Ute (Hrsg.): Frauen im Nationalsozialismus. Dokumente und
Zeugnisse. München 1993
Bittner, Eva/Kaiser, Johanna: Graue Stars. 15 Jahre Theater der Er-
fahrungen. Berlin, Freiburg 1996

Blimlinger, Eva/Ertl, Angelika/Koch-Straube, Ursula/Wappelsheimer, Elisabeth: Lebensgeschichten. Biographiearbeit mit alten Menschen. Hannover 1994

Bude, Heinz: Bilanz der Nachfolge. Die Bundesrepublik und der Nationalsozialismus. Frankfurt 1992

Butler, Robert N.: The Life Review: An Interpretation of Reminiscence in the Aged. In: Psychiatry 1963, 26, S. 65–76

Fachdienst Spiel. Informationsdienst des Deutschcen Spiele Archivs 2, 1995, S. 2 – 33

Franz, Philomena: Zwischen Liebe und Haß. Ein Zigeunerleben. Freiburg 1992

Helbig, Ludwig: Und sie werden nicht mehr frei, ihr ganzes Leben! Eine kleinbürgerliche Kindheit im „Dritten Reich". Weinheim und Basel 1982

Jacobeit, Sigrid/Jacobeit Wolfgang: Illustrierte Alltags- und Sozialgeschiche Deutschlands. 1900–1945. Münster 1995

Joppig, Wolfgang: „...bald kommt auch das Glück zu dir". In: Altenpflege 1996, H. 6, S. 402–404

Junker, Almut/Stille, Eva: Zur Geschichte der Unterwäsche 1700–1960. Kleine Schriften des Historischen Museums Frankfurt. Frankfurt 1988

Larass, Claus: Der Zug der Kinder. KLV – Die Evakuierung 5 Millionen deutscher Kinder im 2. Weltkrieg. München 1983

Loschek, Ingrid: Mode im 20. Jahrhundert. München 1990

Meyer, Sibylle/Schulze, Eva: Von Liebe sprach damals keiner. Familienalltag in der Nachkriegszeit. München 1985

Müller, Dagmar: Interventionen für verwirrte, ältere Menschen in Institutionen. Medizinische, pflegerische und psychotherapeutische Entwicklungen. Kuratorium Deutsche Altershilfe. Thema Heft 96. Köln 1994

Noschka, Annette/Knerr, Günter: Bauklötze staunen. 200 Jahre Geschichte der Baukästen. München 1986

Schalk, Gisela/Rolfes, Bettina: Schreiben befreit. Bonn 1986 Schreibwerkstatt im Altenheim. Selbstverlag. Telgte 1996. Erhältlich bei: Altenheim Maria-Rast, Britta Ellerkamp. Eichenweg 28, 48291 Telgte

Schweitzer, Pam/Trilling, Angelika: Age Exchange. Erinnerungsprojekte für Kinder und ältere Menschen. Kuratorium Deutsche Altershilfe. Thema Heft 101. Köln 1994 Senger, Valentin: Kaiserhofstraße 12. München 1995

Sperling, Werner: Backen. Hannover 1994

Steinmann, P.K.: Theaterpuppen. Ein Handbuch in Bildern. Frankfurt 1980

Thomas, Carmen: Berührungsängste? Vom Umgang mit der Leiche. Köln 1994
Verband Altenpflege-Kultur e.V.: Schulzeit. Senioren erinnern sich. Leipzig 1996
Zacker, Christina: Anleitung zur Ahnenforschung. Familienchronik & Familienwappen. Augsburg 1994.

BILDQUELLENNACHWEIS

Age Exchange (14, 18, 19, 20, 24, 25, 29)

Christa Berger (3, 64, 67, 73, 89, 91, 105, 107, 114, 116, 124, 126, 127, 131, 133, 164, 166)

Bildarchiv Preußischer Kulturbesitz, Berlin (68, 74, 75, 78, 80, 84, 88, 93, 94, 98, 102, 109, 112, 129, 136, 139, 141, 143, 144, 151, 152, 158, 159, 162, 169)

Uwe Brauner (55, 57)

Rudi Briel (106, 110, 122, 123)

Siegfried Ehret (160)

Stadt Kassel (21, 26, 28, 32, 37, 45, 48, 49, 53, 54)

Carolin Rath (35, 39, 43, 47, 50, 56, 58, 59, 60, 61, 62)

Stadtarchiv Solingen (52, 72, 77, 85, 96, 100, 101, 104, 108, 119, 120, 135, 147, 154, 155, 161)

Angelika Trilling (117, 125, 163)

## AUTORINNEN

CAROLINE OSBORN, geboren 1944, Sozialarbeiterin, lebt in London, verheiratet, zwei Kinder; Tätigkeiten unter anderem in der Aus- und Fortbildung von Sozialarbeiter/-innen an einem College für Sozialarbeit in London.

PAM SCHWEITZER, geboren 1946, Theaterpädagogin, gründete 1983 das Age Exchange Reminiscence Zentrum in London und ist dessen künstlerische Leiterin; Koordinatorin des Europäischen Erinnerungs-Netzwerks.

ANGELIKA TRILLING, geboren 1948, Diplompädagogin, Leiterin des Referates für Altenarbeit beim Sozialamt der Stadt Kassel.